Sandra Sitzmann/Birte Voltmer

Materialien und Kopiervorlagen zu

Irina Korschunow Hanno malt sich einen Drachen

Hase und Igel®

Inhalt

www.hase-und-igel.de
Lektorat: Mareike Dreizner
Satz: Helga Lindemann
Illustrationen: Johann Brandstetter
Druck: Himmer AG, Augsburg

ISBN 978-3-86760-740-7

Das Buch

Sich allein fühlen, traurig sein – das erleben sicher auch Ihre Schüler manchmal. Wie kann es gelingen, solche Gefühle hinter sich zu lassen und wieder neuen Mut zu schöpfen? Hanno, der Held der Lektüre „Hanno malt sich einen Drachen", wird von seinen Klassenkameraden gehänselt und hat in der Schule nur Misserfolge. Eines Tages setzt er sich nach der Schule im Park auf eine Bank und malt mit einem Zweig Kringel in den Sand. Aus den Linien entsteht ein kleiner Drache, der ihn fortan begleitet und ihn dabei unterstützt, innere Stärke und Selbstvertrauen zu gewinnen.

Das Buch von Irina Korschunow gehört längst zu den Klassikern der Kinderliteratur und eignet sich sehr gut als Lektüre für die zweite Klassenstufe. In lesestarken Klassen kann es bereits am Ende des ersten Schuljahrs eingesetzt werden.

Die Geschichte ist in zwölf kurze Kapitel unterteilt und wird in kindgerechter und einfacher Sprache erzählt. Das Textverständnis wird zusätzlich durch viele Illustrationen unterstützt. Themen wie „Angst", „ausgegrenzt sein", „Mobbing" und „Freundschaft" stehen im Vordergrund. Besonders zentral ist dabei die intensive Auseinandersetzung mit Hannos Gefühlswelt, was die Empathiefähigkeit der Schüler stärkt. Sie erkennen durch die Lektüre außerdem, dass sich bestimmte Fähigkeiten erst durch Üben entwickeln. Zusätzlich bietet die Geschichte viele Anreize, um sich weiterführend mit gesunder Ernährung, Fabelwesen und dem Drachenmythos zu beschäftigen.

Hanno macht den Schülern Mut, Probleme eigenständig anzugehen, denn am Ende braucht er die Unterstützung des kleinen Drachen nicht mehr. Hanno hat Freunde gefunden und viele neue Dinge gelernt, die sein Selbstbewusstsein stärken.

Das Material

Das vorliegende Material zu „Hanno malt sich einen Drachen" unterstützt Sie durch vielfältige Anregungen bei Ihrer Arbeit mit der Klassenlektüre. Der Band umfasst einen Teil mit didaktischen Hinweisen und sich daran anschließende Kopiervorlagen für die Hand der Schüler. Die zwölf Kapitel der Lektüre sind im Lehrerteil zu insgesamt vier Sinneinheiten zusammengefasst. Am Beginn jeder Einheit steht eine kurze Inhaltsangabe. Daran schließen sich verschiedene Gesprächs- und Schreibanlässe an, die Sie an den entsprechenden Stellen der Lektüre aufgreifen können und die den Schülern helfen, sich tiefer mit dem Gelesenen auseinanderzusetzen. Zudem finden Sie hier alle Lösungen zu den Kopiervorlagen.

Die Arbeitsblätter sind direkt im Unterricht einsetzbar. Zu jedem Kapitel finden Sie eine Kopiervorlage, die das sinnentnehmende Lesen überprüft. Über die Textarbeit hinaus stellen einige Aufgaben die Verknüpfung mit anderen Fächern her. In Ethik können beispielsweise die Themenbereiche „Gefühle", „Hilfe suchen" und „Entwicklung von Fähigkeiten" angesprochen werden. Das Thema „gesunde Ernährung" berührt den Sachunterricht. Zusätzlich werden Verbindungen zur Mathematik – die Schüler rechnen mit Würfelzucker – und zum Sportunterricht hergestellt. Die Arbeitsaufträge der Kopiervorlagen sind so gestaltet, dass sie Ihren Schülern eine möglichst selbstständige Erschließung ermöglichen.

Die Symbole in der Kopfleiste geben einen schnellen Überblick darüber, welche Arbeitstechniken auf dieser Seite anzuwenden sind.

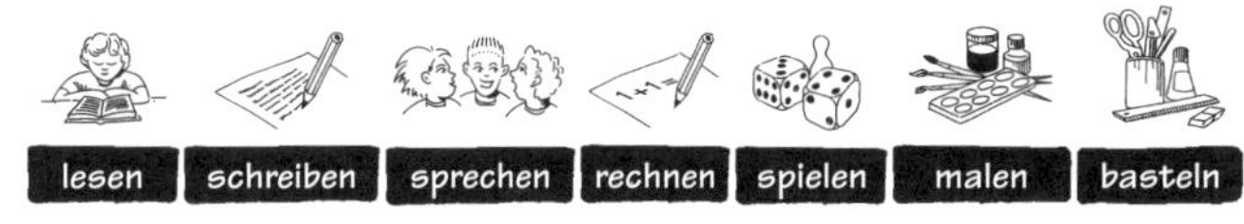

Wir wünschen Ihnen und Ihren Schülern viel Spaß und Erfolg bei der Arbeit mit „Hanno malt sich einen Drachen"!

Sandra Sitzmann und Birte Voltmer

Vor der Lektüre

Schreiben Sie den Titel des Buches an die Tafel und fragen Sie die Schüler, worum es in diesem Buch gehen könnte. Zeigen Sie das Cover aber noch nicht sofort, um die Assoziationen der Kinder nicht einzuschränken. Teilen Sie im Anschluss die Bücher aus oder stellen Sie der Klasse das Cover auf einer Overheadfolie vor, sodass die Gelegenheit besteht, das Bild in Ruhe zu betrachten. Anschließend beschreiben die Schüler, was zu sehen ist, und stellen einen Bezug zwischen der Abbildung und dem Titel her.

Geben Sie zur Einstimmung auf die Lektüre einen weiteren Impuls. Hier bieten sich zwei Möglichkeiten an. Wenn Sie den Drachen als Einstieg nutzen wollen, können Sie Stichworte zu diesem Thema sammeln und an der Tafel festhalten. Mögliche Anregungen sind:

- Was hat sich Hanno gemalt?
- Was weißt du über Drachen?
- In welchen Geschichten kommen Drachen vor?
- Wie verhalten sich Drachen? Sind sie gut oder böse?
- Wie, denkst du, ist der Drache in der Lektüre?

Wenn Hannos Gefühlswelt von Anfang an im Vordergrund stehen soll, können Sie die Abbildung von Seite 9 der Lektüre, die Hanno allein am Spielfeldrand zeigt, als Einführung nutzen. Zeigen Sie das Bild auf einer Overheadfolie und sprechen Sie mit den Kindern über die dargestellte Situation. Folgende Fragen bieten sich an:

- Was spielen die Kinder?
- Warum steht Hanno am Spielfeldrand?
- Wie fühlt sich Hanno wohl gerade?

Hinweise zu den Kopiervorlagen

Das Buch

Mithilfe des Arbeitsblattes setzen sich die Schüler mit den Begriffen Autor, Titel, Verlag und Illustrator und deren Bedeutung auseinander. Dieses Wissen können sie im Anschluss auf weitere Bücher übertragen. Dazu können sie ein eigenes Buch von zu Hause mitbringen und dieses anhand der erlernten Begriffe sowie einer kurzen Inhaltsangabe vorstellen.

Lösung

Aufgabe 1:

Autorin: Irina Korschunow
Titel: Hanno malt sich einen Drachen
Verlag: dtv junior
Illustratorin: Mary Rahn

Aufgabe 2:

Die meisten Kapitelüberschriften beginnen mit „Der kleine Drache …“ und weisen darauf hin, was er jeweils macht. Nur das erste und das letzte Kapitel beginnen mit „Hanno“.

Die Autorin

Die Schüler ordnen vorgegebene Oberbegriffe dem Lebenslauf der Autorin Irina Korschunow zu. Auf diese Weise lernen sie nicht nur die relevanten Teile eines Lebenslaufes kennen, sondern werden zudem motiviert, sich mit weiteren Büchern der Autorin auseinanderzusetzen. Zu einem selbst gewählten Titel versetzen sich die Kinder in die Rolle eines Illustrators und fertigen ein Cover zu dem von ihnen antizipierten Inhalt an.

Regen Sie darauf aufbauend eine Buchvorstellung weiterer Titel von Irina Korschunow an. Es ist sicher spannend, die Umschlaggestaltung des Originals mit der eigenen zu vergleichen. Bei der Vorstellung der Titel können sich die Schüler an der vorangegangenen Kopiervorlage orientieren und wieder das entsprechende Fachvokabular verwenden.

Lösung

Aufgabe 1:

Name: Irina Korschunow
Geboren am: 31. Dezember 1925
Wohnort: München
Beruf: Autorin von Kinderbüchern …
Auszeichnungen: Tukan-Preis …
Weitere Kinderbücher: Die Wawuschels …

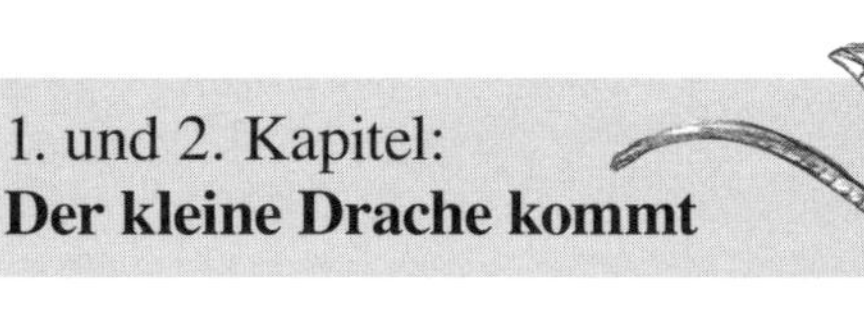

1. und 2. Kapitel: **Der kleine Drache kommt**

Inhalt

Hanno ist im Herbst in die Schule gekommen. Seitdem wird er von seinen Mitschülern gehänselt, weil er dicker ist als sie. Hanno ist einsam, da er keine Freunde hat. Im Unterricht erlebt er nur Misserfolge.

Auf dem Weg nach Hause zeichnet er im Park mit einem Zweig in den Sand. Plötzlich entsteht aus den Linien ein kleiner, schwarzer Drache. Der Drache erzählt Hanno, dass er aus dem Drachenland weggelaufen ist, weil er nicht fliegen kann, keine drei Köpfe hat wie die anderen und kein Feuer blasen kann. Hanno nimmt den kleinen Drachen mit zu sich nach Hause.

Gesprächs- und Schreibanlässe

Hanno möchte nicht in die Schule gehen, weil er Angst hat.
- Warum hat Hanno Angst vor der Schule?
- Hattest du auch schon einmal Angst vor der Schule? Warum?
- Warum wehrt sich Hanno nicht?

Hanno wird gehänselt, weil er dick ist.
- Wurdest du oder ein Freund von dir schon einmal gehänselt? Was hast du getan?
- Was kannst du tun, wenn du gehänselt wirst?
- Wie kannst du jemandem, der gehänselt wird, helfen?

Im Unterricht hat Hanno nur Misserfolge.
- Warum kann sich Hanno nicht auf den Unterricht konzentrieren?
- Wie findest du es, dass seine Mitschüler ihn auslachen?

Hanno fühlt sich allein.
- Hast du dich in der Schule auch schon mal allein gefühlt? Erzähle.
- Was könnte Hanno tun, damit es ihm besser geht?

Hanno zeichnet mit einem Zweig in den Sand. Plötzlich erscheint ein kleiner Drache.
- Glaubst du, dass der kleine Drache echt ist? Warum (nicht)?
- Was denkt und fühlt Hanno wohl, als der kleine Drache erzählt, dass er weggelaufen ist, weil ihn alle gehänselt haben?

In vielen Geschichten sind Drachen sehr gefährlich.
- Wie verhält sich der kleine Drache?
- Muss Hanno Angst vor dem Drachen haben? Warum (nicht)?
- Was hättest du mit dem kleinen Drachen gemacht? Hättest du ihn auch mit nach Hause genommen?

Hinweise zu den Kopiervorlagen

Hanno ist allein

Zur Überprüfung des Textverständnisses und zur Festigung des Gelesenen bringen die Schüler Purzelsätze in die richtige Reihenfolge. Gleichzeitig setzen sie sich mit dem korrekten Satzbau auseinander. Als Unterstützung sind die Satzanfänge bereits großgeschrieben und fett gedruckt, am Satzende steht ein Punkt.

Lösung

Hanno möchte nach dem Aufstehen am liebsten gar nicht zur Schule gehen.
Dabei ist er erst im Herbst in die Schule gekommen.
In der Schule wird Hanno ausgelacht, weil er so dick ist.
Auf dem Schulhof hänselt Ludwig Hanno.
Hanno wehrt sich nicht und setzt sich traurig auf seinen Platz.
Er mag nicht mehr zur Schule gehen.

Was denkt und fühlt Hanno?

Um ihre Empathiefähigkeit zu fördern, versetzen sich die Schüler auf dem Arbeitsblatt in Hanno hinein. Durch das Lesen des ersten Kapitels wissen sie bereits, dass er traurig und einsam ist und von seinen Mitschülern gehänselt wird. Zunächst suchen die Kinder aus einem Angebot an Wörtern diejenigen heraus, die zu Hannos Gefühlen passen. Hierauf aufbauend formulieren sie Sätze in der Ich-Form. Auf diese Weise wird die Auseinandersetzung mit Hannos Gefühlsleben intensiviert. Wer mag, kann hierfür die Begriffe der ersten Aufgabe verwenden. Sie dienen so zur qualitativen Differenzierung. Daneben können die Kinder die Illustration in der Lektüre ansehen, die Hanno abseits von seinen Klassenkameraden zeigt. Die Zeichnung unterstützt sie dabei, sich in die Situation einzufühlen.

Sicher kann sich nun jeder gut vorstellen, was in Hanno vorgeht, sodass es den Schülern leichtfällt, die folgende Aufgabe zu bearbeiten. Sprechen Sie abschließend gemeinsam über die verschiedenen Ideen.

Lösung

Aufgabe 1:
allein, traurig, einsam, Angst, gemein, ärgern, hänseln

Aufgabe 2:
z. B. Ich habe solche Angst. Außerdem fühle ich mich so einsam. Das macht mich sehr traurig. Warum bin ich nur so allein? Ich finde es total gemein, dass mich alle immer ärgern und hänseln.

Weiterführende Anregung

Bilden Sie einen Sitzkreis, um in Kontrast zu Ludwig Halls Beschimpfungen einen „warmen Regen" aus aufbauenden Worten auf die Schüler niedergehen zu lassen. Hierzu schreibt jeder seinen Namen auf einen Zettel. Die Zettel werden in der Mitte gesammelt. Ein Schüler beginnt, zieht einen Namen und sagt, was er an diesem Klassenkameraden besonders gerne mag. Die Schüler ziehen nacheinander so lange, bis alle Zettel weg sind und jeder etwas Nettes über sich gehört hat.

Zwischen Wut und Trauer

Zuerst erschließen sich die Schüler ausgewählte Textstellen durch sinnentnehmendes Lesen, um sich im Anschluss vorzustellen, wie Hanno sich in der jeweiligen Situation wohl fühlt. Hierdurch wird erneut die Empathiefähigkeit gefördert. Bei dieser Aufgabe sind mehrere Lösungen denkbar. Beispielsweise kann Hanno traurig sein, wenn Ludwig ihn schubst oder wenn er ihn „Bratwurstfriedhof" nennt. Die Kinder überlegen, welches Wort ihrer Meinung nach am treffendsten ist.

Zum Ausbau des Wortschatzes ordnen die Schüler Adjektiven aus der Gefühlswelt passende Nomen zu. Je nach Leistungsstand der Gruppe können Sie hierbei thematisieren, wie Wortstämme durch Endungen so verändert werden können, dass eine andere Wortart entsteht, hier z. B. bei Nomen -keit, -ung und bei Adjektiven -lich, -ig, -sam. Suchen Sie mit den Schülern weitere Beispiele und lassen Sie sie die Regelmäßigkeiten entdecken, z. B. -heit, -nis bzw. -haft.

Lösung

Aufgabe 1:

z. B.

Ein paar Kinder lachen und der Ludwig kommt und schubst Hanno gegen die Bank. Hanno möchte ihn auch schubsen.	wütend
Er denkt, dass der Ludwig stärker ist und viele Freunde hat, die ihm helfen.	schwach
Hanno hat keinen Freund.	traurig
„Hanno!", ruft Frau Beck. „Wach auf! Du sollst lesen." Hanno zuckt zusammen.	erschrocken
Mit dem Rechnen geht es ihm nicht besser und in der Zeichenstunde mag er gar nicht erst anfangen ein Bild zu malen. Ich kann es doch nicht, denkt er.	entmutigt
„Der Bratwurstfriedhof ist viel zu fett. Der kann nicht mal ein Bein hochheben", sagt Ludwig Hall.	verletzt

Aufgabe 2:

traurig – die Traurigkeit, einsam – die Einsamkeit, zornig – der Zorn, verletzt – die Verletzung, glücklich – das Glück, ängstlich – die Angst, schrecklich – der Schreck, enttäuscht – die Enttäuschung

Gefühle

Zur Auseinandersetzung mit ihrer eigenen Gefühlswelt zeichnen die Schüler verschiedene Smileys zu Gefühls-Adjektiven. Dabei sollte die Formulierung „ein schlechtes Gefühl" nicht missverstanden werden – alle Gefühle haben ihre Berechtigung und sind nicht verboten. Besprechen Sie mit den Schülern, dass es in Ordnung ist, wenn sie einmal traurig, zornig oder wütend sind. Entscheidend ist, wie man mit diesen Gefühlen umgeht. Überlegen Sie gemeinsam, was man tun kann, wenn man z. B. wütend ist.

Die Schüler machen sich zudem bewusst, welche Situationen sie selbst als besonders positiv oder negativ erfahren. Geben Sie den Schülern Gelegenheit, ihre Bilder in der Gruppe vorzustellen. Im Klassenverband spüren sie, dass sie mit ihren Gefühlen nicht allein dastehen. Wer sein Bild nicht zeigen möchte, sollte nicht dazu gezwungen werden.

Lösung

Aufgabe 1:

☺: glücklich, stolz, verliebt, fröhlich, froh

☹: wütend, ängstlich, unwohl, enttäuscht, beleidigt, einsam, entsetzt, traurig, gelangweilt, zornig

Weiterführende Anregung

Die Schüler erstellen Plakate zu verschiedenen Gefühlen, um ihren Wortschatz zu erweitern. Hierzu werden Smileys gezeichnet, die unterschiedliche Stimmungen symbolisieren. Sammeln Sie nun gemeinsam mit den Kindern im Plenum oder in Gruppenarbeit Adjektive, Nomen und Verben, die zu den Gesichtsausdrücken passen. Stellen Sie die Plakate in der Klasse aus.

Wer hilft mir?

Mithilfe des Arbeitsblatts versetzen sich die Schüler in Hannos Lage und überlegen, welchen Figuren er sich anvertrauen könnte und was diese dazu beitragen können, um ihn zu unterstützen oder zu beraten. Sie erarbeiten somit Handlungsalternativen zu seinem Verhalten in der Lektüre. Anschließend äußern sich die Kinder selbst dazu, welche der Möglichkeiten sie nutzen würden. Vielleicht haben sie ja eine weitere Idee? Die abschließende Aufgabe macht deutlich, dass es auch in ausweglos erscheinenden Situationen Möglichkeiten gibt, sich helfen zu lassen. Die Schüler lesen dazu vorgegebene Situationen und erarbeiten gemeinsam Lösungsmöglichkeiten.

Lösung

Aufgabe 1:

Hanno könnte mit seinen Eltern, seiner Oma oder seiner Lehrerin sprechen.

Aufgabe 2:

z. B. Hannos Eltern könnten mit den Eltern von Ludwig Hall sprechen.

Seine Oma könnte ihm weniger Süßigkeiten schenken.

Seine Lehrerin könnte mit Ludwig sprechen. Sie würde besser verstehen, warum Hanno im Unterricht nicht aufpasst.

Aufgabe 4:

z. B. In der Schule hast du eine Aufgabe nicht verstanden: Mitschüler, Lehrer

Auf der Heimfahrt ärgern dich im Schulbus größere Kinder: Busfahrer, Mitfahrer

Du hast deinen Schlüssel verloren und kommst nicht in die Wohnung: Nachbarn, Eltern anrufen, Eltern eines Freundes

Beim Einkaufen hast du deine Eltern aus den Augen verloren: Mitarbeiter des Ladens

Der kleine Drache kommt

Um den Inhalt des zweiten Kapitels zu wiederholen und zu festigen, schneiden die Schüler Satzstreifen aus und bringen sie in die richtige Reihenfolge. Bei korrekter Anordnung ergeben die Wörter am Ende der Streifen einen Lösungssatz. Hierdurch sind die Schüler in der Lage, ihre Lösung selbstständig zu überprüfen. Im Anschluss kleben sie die Sätze auf ein separates Blatt oder ins Heft. Das Buch dient als Hilfestellung.

Lösung

Als Hanno traurig im Park malt, erscheint plötzlich ein kleiner Drache.

Weiterführende Anregung

Setzen Sie die Situation des Kennenlernens in ein kurzes szenisches Spiel um. Die Schüler arbeiten dabei in kleinen Gruppen zusammen und wiederholen zuerst gemeinsam, was genau im Park passiert ist und was sie bereits über den kleinen Drachen und Hanno erfahren haben. Im Anschluss studieren sie die Szene ein und spielen sie ihren Klassenkameraden vor.

Gesucht wird …

Die Lektüre beschreibt den kleinen Drachen ganz genau. Diese Details werden anhand des Arbeitsblatts aufgegriffen und vertieft. Der kleine Drache berichtet Hanno, dass er von zu Hause fortgelaufen ist. Die Schüler lesen zuerst einen kurzen Steckbrief mit passenden und nicht passenden Stichwörtern. Sie filtern die falschen Stichwörter heraus und streichen diese durch. Erst wenn sie sich auf diese Weise noch einmal intensiv mit dem Aussehen und den Besonderheiten des kleinen Drachen auseinandergesetzt haben, formulieren sie aus den korrekten Begriffen eine Suchanzeige.

Lösung

Aufgabe 1:

Größe: klein, ~~groß~~, ~~wie ein Elefant~~, wie ein Meerschweinchen

Farbe und Haut: ~~grün~~, ~~gelb~~, schwarz, schuppig, ~~glatt~~

Flügel: ~~drei Flügel~~, ~~keine Flügel~~, zwei Flügel, ~~groß~~, winzig

Schwanz: lang, ~~kurz~~, ~~lila~~

Klauen: ~~acht~~, ~~sieben~~, vier, breit, ~~schmal~~

Besonderheiten: kann nicht fliegen, ~~kann gut fliegen~~, ~~kann Feuer spucken~~, kann kein Feuer spucken, nur ein Kopf, ~~hundert Köpfe~~

Aufgabe 2:

z. B. Es wird ein Drache gesucht. Er ist etwa so klein wie ein Meerschweinchen. Seine Haut ist schwarz und schuppig. Auf seinem Rücken befinden sich zwei winzige Flügel. Sein Schwanz ist lang. Außerdem hat er vier breite Klauen. Besonders an ihm ist der einzelne Kopf, und dass er nicht fliegen und nicht Feuer spucken kann.

Weiterführende Anregung

Lassen Sie die Schüler weitere Steckbriefe oder Suchanzeigen entwerfen, z. B. zu verschiedenen Tieren, zu Figuren aus dem Buch oder zu Mitschülern. Erstellen Sie gegebenenfalls mit den Kindern zuerst ein neues Raster für einen Steckbrief.

3. bis 6. Kapitel:
Erste Erfolge

Inhalt

Hanno lebt zusammen mit seinen Eltern und Großeltern in einem Haus, das noch mit Öfen beheizt wird. Hungrig beginnt der kleine Drache, die Glut aus dem Ofen zu fressen. Hanno erzählt, dass seine Großmutter ihm sehr oft Süßigkeiten gibt. Gemeinsam werfen sie Schokolade ins Feuer, sodass der kleine Drache Schokoladenfeuer probieren kann.

Nachdem sie die ganze Tafel verbrannt haben, singt Hanno dem Drachen ein Lied vor, um ihm zu erklären, was Musik ist. Obwohl Hanno wegen seiner Stimme in der Schule gehänselt wird, lobt ihn der kleine Drache. Er zeigt Hanno, wie man tanzt. Die beiden hopsen singend durch das Zimmer, als Hannos Mutter den Raum betritt. Sie freut sich über Hannos gute Laune, doch den kleinen Drachen sieht sie nicht.

Am nächsten Morgen nimmt Hanno den kleinen Drachen mit zur Schule. Weil Ludwig Hall Hanno hänselt, macht Hanno beim Abschreiben ständig Fehler. In der Pause überredet der kleine Drache Hanno, sich endlich gegen die verbalen und körperlichen Angriffe Ludwigs zu wehren. Als Ludwig Hanno wieder schubst, nimmt Hanno seinen Ranzen vor seine Brust und wirft sich gegen Ludwig. Hanno hat zunächst Angst vor Ludwigs Freunden, aber keiner greift ein. Die Klassenkameradin Susi Vogt ergreift sogar Partei für Hanno und findet es richtig, dass er sich gewehrt hat.

Auch bei den Hausaufgaben macht Hanno beim Schreiben viele Fehler. Als der kleine Drache Hanno jedoch bittet, ihm selbst das Schreiben beizubringen, gelingt es Hanno mit einem Mal problemlos.

Gesprächs- und Schreibanlässe

Hanno isst sehr viele Süßigkeiten.
- Hat Hannos Oma recht, wenn sie sagt, dass ihn die Süßigkeiten groß und stark machen?
- Warum hat Hannos Mutter etwas dagegen, dass seine Großmutter ihm Süßigkeiten gibt?

Hannos Lieblingsessen ist Spaghetti mit Tomatensoße.
- Was ist dein Lieblingsessen?

Hanno sagt, dass er nicht singen und tanzen kann.
- Hast du auch schon einmal gedacht, dass du etwas nicht kannst, und dann hat es doch geklappt? Erzähle.

Als Hannos Mutter die Tür öffnet, sieht sie den kleinen Drachen nicht.
- Warum wohl?
- Warum freut sich Hannos Mutter, als sie Hanno tanzen sieht?

Hanno wehrt sich in der Pause gegen Ludwig.
- Meinst du, dass Ludwig Hanno nun in Ruhe lässt? Warum (nicht)?
- Wie findest du es, dass Susi Vogt Hanno verteidigt?

Hanno kann sich nicht ausruhen, weil er Hausaufgaben machen muss.
- Wann machst du deine Hausaufgaben?
- Machst du sie gerne? Warum (nicht)?
- Machst du bestimmte Hausaufgaben besonders gerne? Welche?

Hanno fällt das Schreiben schwer.
- Warum macht Hanno so viele Fehler?
- Warum macht Hanno auf einmal keine Fehler mehr, als er dem Drachen das Schreiben beibringt?

Hinweise zu den Kopiervorlagen

Der kleine Drache frisst Schokoladenfeuer
Durch das Arbeitsblatt setzen sich die Schüler mit dem Inhalt des Kapitels auseinander. Es gilt dabei, richtige und falsche Aussagen zu unterscheiden. Sätze, die zum Kapitel passen, werden durch das Anmalen einer Schokoladentafel markiert. Die Buchstaben der richtigen Sätze ergeben zur Möglichkeit der Selbstkontrolle ein Lösungswort.

Leistungsstärkere Kinder ergänzen anschließend selbstständig einen richtigen und einen falschen Satz. Die beiden Sätze werden dann einem Partner zur Überprüfung vorgelegt.

Lösung
Aufgaben 1/2:
Oben im Haus wohnen seine Großeltern. **H**
Im Zimmer entdeckt der kleine Drache einen Ofen. **U**
Das Haus hat noch Öfen, weil es so alt ist. **N**
Hanno isst am liebsten Spaghetti mit Tomatensoße. **G**
Seine Oma gibt ihm fast jeden Tag mindestens eine Tafel Schokolade. **E**

Hanno wirft für den kleinen Drachen Schokolade in das Feuer. **R**
Lösungswort: HUNGER

KV Seite 29

Gesunde Ernährung

Das Arbeitsblatt gibt den Schülern weiterführende Sachinformationen zum Thema „gesunde Ernährung". Sie streichen zur Förderung des sinnentnehmenden Lesens in jedem Satz zwei Stolperwörter durch. Inhaltlich bietet die Kopiervorlage einen Überblick über unterschiedliche Nährstoffe und ihre Bedeutung für unseren Körper. Zudem wird klar, warum die verschiedenen Lebensmittelgruppen nicht in der gleichen Menge verzehrt werden sollten.

Durch die Auseinandersetzung mit dem Sachtext ziehen die Schüler Rückschlüsse auf den Inhalt des Buches: Hanno isst sehr viele Süßigkeiten, dadurch ist er dicker als seine Klassenkameraden und wird von ihnen gehänselt. Der Text eignet sich daher als Gesprächsgrundlage, um Hannos Essverhalten zu reflektieren und die Schüler zu ihrem eigenen Essverhalten zu befragen.

Lösung

1. Unser Körper braucht viele verschiedene ~~Nudeln~~ Nährstoffe, um Energie, Kraft und Wärme zu erzeugen. Ohne Nahrung fühlen wir uns schlapp und müde. Die einzelnen Nahrungsmittel teilt man in verschiedene Gruppen ~~Gänse~~ ein …
2. Um gesund zu bleiben, sollte man seinem Körper zum Beispiel möglichst viele Vitamine ~~Vampire~~ geben. Man findet sie in ~~Gras~~ Gemüse und Obst.
3. Außerdem benötigt unser Körper ~~Kater~~ viele Kohlenhydrate … Kohlenhydrate liefern dem Körper beim Verbrennen Wärme und Kraft ~~Kleider~~ …
4. Durch Eiweiße und Mineralstoffe baut der Körper neue Zellen ~~Zähne~~ (zum Beispiel Muskeln) auf … Kalzium kommt besonders in Milchprodukten wie ~~Steinen~~ Milch, Käse und Joghurt vor.
5. Auch Fette ~~Federn~~ braucht unser Körper, um gesund zu bleiben. Hier reichen aber schon sehr kleine Mengen ~~Mäuse~~ aus.
6. … Isst man aber zu viele Süßigkeiten oder trinkt zu viele gezuckerte Getränke, wird man sehr schnell ~~klein~~ dick. Außerdem schadet Zucker den Zähnen ~~Haaren~~.
7. Ganz wichtig ist noch, dass man viel trinkt ~~taucht~~, um gesund zu bleiben … Am besten eignet sich reines Wasser, da es keinen ~~Zug~~ Zucker enthält.

KV Seite 30

Die Ernährungspyramide

Die Schüler erstellen auf dem Arbeitsblatt eine Lebensmittelpyramide. Auf diese Weise wird der vorangegangene Sachtext veranschaulicht und inhaltlich vertieft. Sie schneiden die Bilder verschiedener Lebensmittel aus und ordnen sie der richtigen Gruppe in der Pyramide zu. Den Schülern wird so bildlich vor Augen geführt, welche Mengen von welcher Lebensmittelgruppe sie im Idealfall zu sich nehmen sollten.

Auf der Kopiervorlage wurde für die Ernährungspyramide die vereinfachte Form eines Dreiecks gewählt. Neue ernährungswissenschaftliche Erkenntnisse empfehlen eine dreidimensionale Darstellung, die allerdings für Kinder dieses Alters auf einem Arbeitsblatt schwer nachzuvollziehen ist.

Lösung

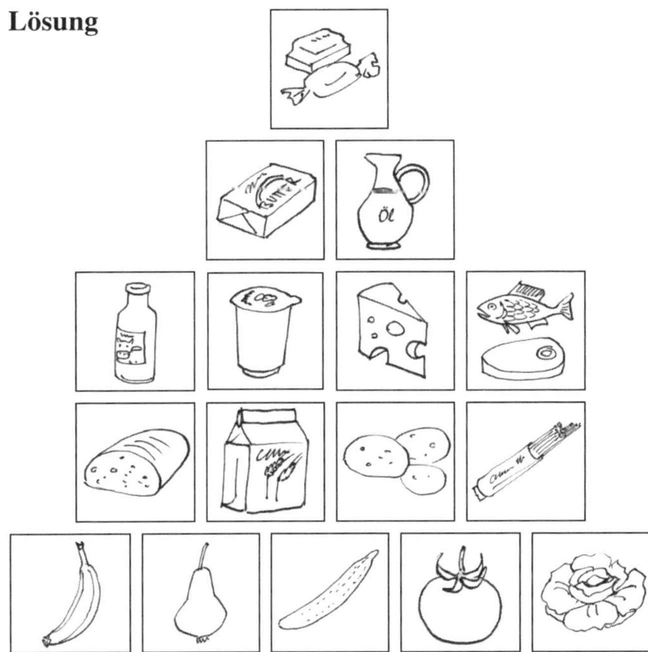

Weiterführende Anregungen

- Lassen Sie die Kinder verschiedene Lebensmittel von zu Hause mitbringen. Für einen Ausstellungstisch sortieren sie die Produkte dann nach den entsprechenden Lebensmittelgruppen der Ernährungspyramide. Alternativ ist die Gestaltung von Plakaten zu den verschiedenen Gruppen möglich. Dazu schneiden die Schüler Bilder aus Prospekten oder selbst gemalte Bilder von Lebensmitteln aus und kleben diese auf große Blätter oder Pappen. Als Untergrund für besonders gesunde bzw. ungesunde Nahrungsmittel können die Farben Grün bzw. Rot gewählt werden. Sie können auch gemeinsam eine größere Lebensmittelpyramide für die Klasse erstellen. Schneiden Sie dazu aus einem DIN-A1-Blatt (oder größer) im Querformat ein Dreieck aus und teilen Sie es entsprechend der Kopiervorlage in die verschiedenen Felder ein. Die Pyramide kann mit Bildern aus Prospekten beklebt werden. Die Texte der Kopiervorlage „Gesunde Ernährung“ (Seite 29) können dann als Grundlage für einen Vortrag dienen, den die Schüler einüben. Im Anschluss laden sie andere Klassen zu einer Führung ein, bei der Ihre Schüler als Experten zur Verfügung stehen und ihren kurzen Vortrag halten.

- Lassen Sie die Kinder gesunde Lebensmittel von zu Hause mitbringen (z. B. Brot, Gemüse, Obst, Müsli ohne Zuckerzusatz, Milch) und laden Sie die Eltern zu einem gesunden Frühstück ein, bei dem die Kinder berichten können, was sie gelernt haben. Aus den mitgebrachten Zutaten stellen alle gemeinsam das Frühstück her. Belegen Sie beispielsweise die Brote mit Gemüsegesichtern, damit die Schüler auch an der optischen Gestaltung Freude haben und einen positiven Bezug zu gesunder Nahrung finden.

KV Seite 31

Zuckersüße Leckereien

Um bei den Kindern ein Bewusstsein dafür zu schaffen, wie viel ungesunder Zucker unsichtbar in verschiedenen Lebensmitteln steckt, werden die Zuckermengen in Form von Zuckerstücken veranschaulicht, die die Schüler auf dem Arbeitsblatt einzeichnen. Für je 10 Stück Würfelzucker wird ein Kästchen ausgemalt. Gemeinsam mit einem Partner überlegen die Schüler im Anschluss, welche alternativen Lebensmittel weniger Zucker enthalten, und schreiben diese in die Tabelle.

Lösung

Lebensmittel	Zuckerwürfel	Weniger Zucker
1 Flasche Cola (1 Liter) 40 Würfel		z. B. selbst gemachter Eistee
1 Glas Nuss-Nugat-Creme (400 g) 80 Würfel		z. B. Haselnussmus
Orangennektar (1 Liter) 30 Würfel		z. B. Orangensaftschorle
1 Tafel Schokolade (100 g) 20 Würfel		z. B. 1 Tasse Kakao
1 Rosinenschnecke 20 Würfel		z. B. Rosinenbrötchen
1 Tüte Gummibärchen (200 g) 40 Würfel		z. B. klein geschnittenes Obst
3 Kugeln Vanilleeis 10 Würfel		z. B. gefrorener Joghurt
1 Packung Butterkekse (200 g) 20 Würfel		z. B. Reiswaffeln

Durcheinander

Zur Überprüfung des Textverständnisses der Kapitel „Der kleine Drache lernt singen“ und „Der kleine Drache geht zur Schule“ wurden die Inhaltsangaben durcheinandergewürfelt. Die Schüler lesen immer einen Satz und ordnen diesen einem Kapitel zu, indem sie ihn mit der passenden Farbe unterstreichen. Danach übertragen sie den Inhalt eines Kapitels in ihr Heft.

Lösung

Aufgabe 1:

unterstrichen (grün): Der kleine Drache lernt singen

Der kleine Drache isst eine ganze Tafel Schokolade im Schokoladenfeuer.
Dann stellt er sich auf die Hinterpfoten und fängt an zu hüpfen und zu springen.
Am nächsten Morgen nimmt Hanno den kleinen Drachen mit zur Schule.
Der kleine Drache macht einen Drachen-Freudentanz.
Dort wird Hanno von Ludwig geschubst und fällt gegen den Tisch.
Im Unterricht kann Hanno gar nicht richtig aufpassen.
Er denkt nur an Ludwig.
Hanno will dem Drachen erklären, was Musik ist.
Darum singt er dem kleinen Drachen ein Lied vor.
Darum macht er Fehler beim Schreiben.
Der kleine Drache ist begeistert davon, wie schön Hanno singt.
Der kleine Drache erzählt, dass die anderen Drachen ihn auch gehänselt haben.
Beim dritten Mal singt er sogar selbst mit.
Hanno und der Drache singen das Drachenlied und tanzen durch das Zimmer.
Er meint, dass er sich wehrt, wenn Hanno sich gegen Ludwig wehrt.
Hannos Mutter bemerkt den Drachen nicht, als sie ins Zimmer kommt.
Als Ludwig Hanno wieder ärgert, schubst Hanno ihn zu Boden.
Susi Vogt findet es ganz richtig, dass Hanno sich wehrt.

Wehr dich doch mal!

Zur Förderung des sinnentnehmenden Lesens ordnen die Schüler Aussagen in Sprechblasen vier unterschiedlichen Figuren durch farbliche Kennzeichnung zu. Die erneute Beschäftigung mit den Äußerungen hilft den Kindern, die verschiedenen Verhaltensweisen zu reflektieren. Sie bilden sich selbst eine Meinung zu den Geschehnissen und beziehen in den weiterführenden Fragen Stellung dazu, ob es richtig ist, dass Hanno sich zur Wehr setzt. Gleichzeitig erdenken sie alternative Handlungsmöglichkeiten, indem sie sich in Hannos Lage versetzen, und überlegen, wie sie in seinem Fall reagiert hätten. In einem weiteren Denkanstoß beschäftigen sich die Schüler mit der Frage, wie es dazu kommt, dass Hanno sich wehrt.

Lösung

Aufgabe 1:

Ludwig Hall (blau):
Mach Platz, Bratwurstfriedhof.
Der Fußballbauch hat mich geschubst.

Der kleine Drache (rot):
Schubs ihn doch auch mal.
Dieser Ludwig ist ekelhaft. Genauso ekelhaft wie ein paar Drachen aus meiner Klasse.
Aber klug ist er nicht, der Ludwig. Er hat gesagt, du brummst. Dabei kannst du so schön singen.
Vielleicht ist er auch gar nicht so stark. Vielleicht tut er bloß so. Und wenn du dich wehrst, läuft er weg.
Trau dich doch mal. Dann trau ich mich auch. Später, wenn ich wieder zu Hause bin.

Hanno (grün):
Hast du dich gewehrt?

Susi Vogt (gelb):
Du hast ja angefangen. Jeden Tag schubst du den Hanno.
Ganz richtig, dass er sich mal wehrt.

Aufgabe 3:

z. B. Weil der kleine Drache ihn unterstützt, traut sich Hanno mehr zu.

Der kleine Drache lernt schreiben

Das Arbeitsblatt ermöglicht den Kindern eine spielerische Annäherung an den Inhalt des Kapitels. Anhand der Leitfragen setzen sie sich zum einen konkret mit dem Inhalt auseinander, zum anderen müssen sie die Antworten in dem Suchsel entdecken und markieren, um die Aufgabe zu lösen.

Lösung

L	S	C	H	O	K	O	L	A	D	E	Ü	P	H	E	P
H	N	T	U	H	M	Ö	P	U	E	A	I	B	V	N	B
A	L	M	U	R	T	C	Ä	Ü	P	C	Q	L	E	U	L
S	P	U	X	E	S	C	H	R	E	I	B	E	N	Z	E
E	A	T	K	N	G	P	A	P	I	E	R	I	I	H	I
M	L	T	M	S	R	V	O	H	T	M	S	B	E	G	S
P	N	E	W	A	U	G	Ü	F	Ü	L	L	E	R	U	T
C	E	R	U	H	O	A	H	D	X	V	E	N	R	M	I
H	A	U	S	A	U	F	G	A	B	E	N	C	Z	T	F
W	Ö	L	K	C	H	E	N	C	B	L	O	K	I	C	T

Schreiben lernen ist schwer

Hanno lässt beim Schreiben oft Buchstaben aus. Die Schüler ergänzen die fehlenden Buchstaben in den jeweiligen Wörtern und schreiben die Sätze richtig auf. Auf diese Weise und durch die weiterführenden Fragen versetzen sie sich noch einmal in die Anfangszeit des Schreiblernprozesses zurück. Sie reflektieren dabei individuell, wo damals ihre eigenen Stärken und Schwächen lagen bzw. noch heute liegen. In einem anschließenden Gespräch tauschen sich die Schüler über ihre Erfahrungen aus. Mögliche Denkanstöße, die auch bei der Beantwortung der Fragen eine Hilfestellung geben können, sind: Was konntest du schreiben, bevor du in die Schule kamst? Welchen Buchstaben hast du als Erstes gelernt? Hast du auch manchmal Buchstaben beim Schreiben vergessen? Gibt es ein Wort, das du erst nach langem Üben richtig schreiben konntest? Welche Wörter machen dir manchmal heute noch Probleme?

Lösung

Aufgabe 1:

1. Der Drache hat zwei Flügel.
2. Zusammen lernen wir viele neue Sachen.
3. Einmal schlägt der Drache sogar einen Purzelbaum.
4. Auch in die Schule kommt der Drache mit.
5. In der Schule hilft mir der kleine Drache, mich zu wehren.

„So geht das“

Im Kontext der Lektüre festigen die Kinder ihren Grundwortschatz. Markieren Sie am besten gemeinsam die Schwierigkeiten der jeweiligen Wörter. Welche Laute sind nicht oder nur schwer zu hören? Welche Laute werden anders geschrieben als gesprochen? Weisen Sie die Kinder darauf hin, dass die doppelten Mitlaute durch Silbensprechweise gut zu erkennen sind (z. B. Han-no, Klas-se). Bei Auslautverhärtungen (traurig) hilft verlängern (der traurige Junge). Im Anschluss daran üben die Schüler auf unterschiedliche Weise die Schreibung der Wörter. Dabei ist zu bedenken, dass die „Merkstellen" durchaus variieren können. Wichtig ist, dass das einzelne Kind dafür sensibilisiert wird, an welchen Stellen es nachdenken muss, weil es dort immer wieder Fehler macht.

Lösung
Aufgabe 1:
der Drache, Hanno, die Schule, der Junge, dick, ärgern, die Klasse, traurig, das Feuer, zusammen, essen, der Hunger, die Freunde, die Lehrerin

Aufgabe 3:
der Drache, Hanno, die Schule, der Junge, die Klasse, das Feuer, der Hunger, die Freunde, die Lehrerin

Weitere Unterrichtsvorschläge

- Basteln Sie mit den Kindern Stabpuppen, beispielsweise von Hanno, dem kleinen Drachen, Ludwig, Susi und der Lehrerin. Sie können Umrisse für die Figuren vorgeben, die die Schüler gestalten, oder die Kinder zeichnen die Figuren selbst. Kleben Sie die Figuren danach auf Pappe und befestigen Sie daran einen Stab oder einen Bleistift mit einem Klebestreifen. Lassen Sie die Schüler in Kleingruppen ein szenisches Spiel zu der Situation auf dem Schulhof einstudieren. Durch den Gebrauch der Stabpuppen nehmen Sie zurückhaltenderen Schülern etwas von der Angst, sich zu äußern. Die Puppen können Sie zum Nachspielen verschiedener Szenen aus dem Buch verwenden.
- Präsentieren Sie den Schülern Schriftzeichen aus unterschiedlichen Ländern. Suchen Sie im Internet beispielsweise das arabische und chinesische Zeichen für das Wort „Sonne". Die Kinder äußern sich zu Gemeinsamkeiten und Unterschieden zwischen den Zeichen. Weisen Sie die Schüler darauf hin, dass arabische Schriftzeichen von rechts nach links geschrieben werden. Lassen Sie sie die Schriftzeichen in ihr Heft abzeichnen – eine Situation, die dem Schreiblernprozess ähnelt. Reflektieren Sie im Anschluss gemeinsam, wo Schwierigkeiten aufgetreten sind. Geben Sie Schülern anderer Herkunftsländer die Möglichkeit, Schriftzeichen aus ihrer Kultur mitzubringen und sie mit ihren Besonderheiten vorzustellen. Weiterführend können unterschiedliche Schriften der Welt aus dem Internet oder aus Büchern gesammelt und in der Klasse ausgestellt werden.

7. bis 10. Kapitel:
Der kleine Drache lernt weiter

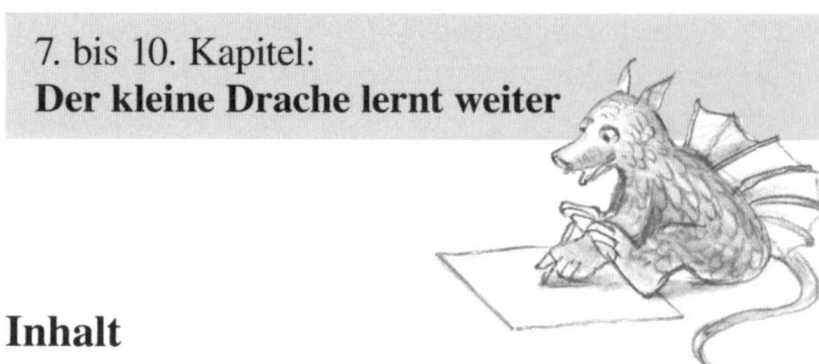

Inhalt

Hannos Oma bringt Streuselkuchen ins Zimmer. Hanno isst jedoch nur die Hälfte und wirft die andere für den Drachen in den Ofen. Der Drache erzählt Hanno, dass er zu Hause beim Feuerblasen immer verliert, weil er nur einen Kopf hat. Hanno sagt, dass auch er viele Dinge nicht kann, zum Beispiel Purzelbaum schlagen. Weil er dem kleinen Drachen mehrmals zeigt, was ein Purzelbaum ist, schafft er ihn dann doch.

Der kleine Drache möchte malen lernen. Gemeinsam zeichnen sie den ganzen Nachmittag viele bunte Bilder. Hanno ist stolz auf sich. Als er wieder Schokolade essen will, hält ihn der Drache davon ab.

Hanno und der kleine Drache spielen im Garten Fangen. Dann soll Hanno dem Drachen zeigen, wie man auf einen Baum klettert. Schließlich sitzen sie oben in der Krone und beobachten die Nachbarn. Allerdings trauen sie sich nicht mehr hinunter. Schließlich kommt Hannos Vater und hilft Hanno.

Obwohl der kleine Drache nun schon viel von Hanno gelernt hat, möchte er auch noch lesen lernen. Er will von Hanno allerhand schwierige Wörter wissen. Gemeinsam lesen sie die Geschichte von den Bremer Stadtmusikanten.

Gesprächs- und Schreibanlässe

Der kleine Drache erzählt Hanno von seiner Familie. Als die Oma ins Zimmer kommt, wird er jedoch unterbrochen.
- Was könnte der kleine Drache von seiner Oma erzählen wollen?
- Wie geht es der Familie wohl ohne den kleinen Drachen?

Im Drachenland gibt es das Feuerfest, bei dem die Drachenkinder um die Wette Feuer blasen.
- Hast du schon einmal an einem Wettkampf teilgenommen? Erzähle davon.

Hanno sagt, dass er nur einen Purzelbaum schlagen kann. Nachdem sie zusammen üben, schafft er sogar vier.
- Wie fühlst du dich, wenn du etwas geübt hast und es dann besser klappt?

Hanno vergisst beim Malen, dass er eigentlich keine Lust gehabt hat.

- Hast du dich auch schon mal zu etwas überreden lassen und dann gemerkt, dass es doch Spaß macht? Erzähle.

Hanno wird vom kleinen Drachen gelobt, wenn er neue Dinge lernt oder sich verbessert.

- Was ist das für ein Gefühl, wenn man gelobt wird?
- Dachtest du auch schon einmal, dass du etwas nicht kannst, und dann hat es doch geklappt? Erzähle.

Hanno und der kleine Drache klettern auf einen Baum.

- Bist du schon einmal auf einen Baum geklettert?
- Wie hast du dich gefühlt, als du oben warst?
- Was hätten Hanno und der kleine Drache wohl getan, wenn Hannos Vater nicht gekommen wäre?
- Hattest du schon einmal Angst vor etwas und hast es trotzdem ausprobiert?
- Wie kannst du einen Freund ermutigen, wenn er vor etwas Angst hat?
- Was meinst du: Sollte man manchmal auf seine Angst hören, und Dinge, vor denen man Angst hat, nicht tun? Welche Situationen fallen dir ein?

Hanno holt ein Geschichtenbuch aus dem Regal.

- Welches Buch war das erste Buch, das du gelesen hast?
- Welche Bücher würde der kleine Drache in deinem Bücherregal finden?

Hanno und der Drache lesen zusammen „Die Bremer Stadtmusikanten".

- Kennst du die Geschichte? Erzähle.
- Wie nennt man solche Geschichten wie „Die Bremer Stadtmusikanten"?
- Hast du auch ein Märchenbuch?
- Kennst du ein Märchen auswendig? Erzähle.

Hinweise zu den Kopiervorlagen

Der kleine Drache schlägt einen Purzelbaum

Zur inhaltlichen Vertiefung des siebten Kapitels lesen die Schüler zunächst den Beginn eines Satzes und malen durch sinnentnehmendes Lesen diesen jeweils in der gleichen Farbe wie das passende Satzende an.

Lösung

Als der Drache Hanno von seiner Familie erzählen möchte, kommt die Oma mit Streuselkuchen ins Zimmer.
Der kleine Drache bettelt und Hanno wirft die Hälfte in den Ofen.
Im Drachenland gibt es ein Feuerfest, bei dem alle Drachenkinder um die Wette Feuer blasen.
Hanno erzählt dem kleinen Drachen, dass er höchstens einen Purzelbaum schlagen kann.
Der kleine Drache weiß nicht, was Purzelbäume sind.
Zusammen üben sie so lange, bis sie vier Purzelbäume hintereinander schaffen.

Bewegung

Hanno traut sich nicht zu, einen Purzelbaum zu schlagen. Weil er mit dem kleinen Drachen übt, schafft er zum Schluss jedoch sogar vier Stück hintereinander. Anknüpfend an diese spielerische Übung und den daraus resultierenden Erfolg, führen auch die Kinder im Sportunterricht Übungen aus. Vorher schätzen sie sich selbst ein. Zur Differenzierung und um den Kindern mehr Raum zur kreativen Gestaltung zu lassen, denken sie sich weitere Aufgaben aus, die sie in einer abschließenden gemeinsamen Runde ihren Mitschülern präsentieren können. Außerdem erhalten sie durch die weiterführenden Fragen Gelegenheit, den anderen mitzuteilen, welche Sportart sie ausüben und welche Auswirkungen auf ihr Wohlbefinden Sport hat. Abschließend wird noch einmal der Bezug zu Hanno hergestellt. Ziel ist die Erörterung der positiven Gefühle, die sowohl die körperliche Anstrengung als auch das Erfolgserlebnis auslösen.

Der kleine Drache malt ein Bild

Zur Überprüfung des Textverständnisses bringen die Schüler angefangene Sätze sinnvoll zu Ende. Dazu wählen sie aus drei vorgegebenen Möglichkeiten eine aus. Dahinter steht jeweils ein Buchstabe. Alle richtigen Buchstaben ergeben von unten nach oben gelesen ein Lösungswort, das den Kindern eine Selbstkontrolle ihrer Arbeit ermöglicht.

Zur Förderung der Empathie setzen sich die Schüler zum Abschluss mit der Frage auseinander, warum Hanno zuerst denkt, dass er nicht malen kann. Hier wird deutlich, dass er durch Ludwigs Hänseleien kein Selbstbewusstsein mehr besitzt und sich deshalb das Malen nicht zutraut.

Lösung

Aufgabe 1:

1. … Buntstifte. **R**
2. … zwei Fische. **E**
3. … so lustig ist. **D**
4. … die Beine. **L**
5. … über Hannos Bett. **I**
6. … sich wundern." **B**

Lösungswort: BILDER

Aufgabe 3:
Weil Ludwig Hall gesagt hat, dass Hannos Bilder blöd sind.

Der kleine Drache klettert auf einen Baum
Zur Auseinandersetzung mit dem Inhalt des Kapitels beantworten die Schüler Fragen zum Text. Der kreative Schreibimpuls zum Schluss bietet die Möglichkeit, eigene Ideen zum Kapitel zu verschriftlichen.

Lösung
Aufgabe 1:
1. Sie spielen Fangen.
2. Er hat Angst, dass der kleine Drache klettern lernen will.
3. Sie bohrt in der Nase.
4. Der Drache weint, weil er Angst hat.
5. Er steckt ihn in seine Tasche.
6. Der Vater hilft ihm wieder herunter.

Wortfelder
Zur Erweiterung des Wortschatzes beschäftigen sich die Schüler mit verschiedenen Wortfeldern. Bei der ersten Aufgabe markieren sie die Wörter, die zum selben Wortfeld gehören wie japsen und stöhnen, mit der gleichen Farbe. Die zweite Aufgabe bietet verschiedene Wortfelder, jedoch findet sich immer ein Wort, das nicht zu dem Wortfeld passt und das die Schüler durchstreichen müssen. Schließlich finden die Kinder selbst passende Wörter zu weiteren Wortfeldern. Zur Differenzierung geschieht dies entweder in Einzel- oder Partnerarbeit.

Lösung
Aufgabe 1:
keuchen, ächzen, schnaufen, hecheln, röcheln

Aufgabe 2:
gehen: ~~schauen~~
schreiben: ~~lesen~~
fahren: ~~hupen~~
sagen: ~~zuhören~~

Aufgabe 3:
z. B. weinen, heulen, <u>flennen</u>
rennen, rasen, <u>flitzen</u>
schreien, brüllen, <u>rufen</u>
sehen, schauen, <u>blicken</u>

Der kleine Drache liest eine Geschichte
Auf dem Arbeitsblatt ist eine Zusammenfassung des zehnten Kapitels vorgegeben. In dieser befinden sich aber fünf falsche Sätze, die die Schüler durch sinnentnehmendes Lesen finden und durchstreichen sollen. Dabei können sie das Buch zu Hilfe nehmen.

Danach schreiben die Kinder das Gedicht auf, das Hanno und der kleine Drache gedichtet haben. In einem zweiten Schritt entwerfen sie eine eigene Strophe. Geben Sie den Schülern zur Differenzierung die Möglichkeit, gemeinsam mit einem Partner zu arbeiten. Gegebenenfalls sammeln Sie zuerst in Gruppenarbeit oder in der Großgruppe Reimpaare, die den schwächeren Schülern das Dichten erleichtern.

Durch den anschließenden Denkanstoß wird den Kindern verdeutlicht, dass wiederholtes Üben und Ausprobieren die eigenen Fähigkeiten und Leistungen enorm verbessern kann. Auch der feste Glaube daran, etwas schaffen zu können, „versetzt Berge“.

Lösung
Aufgabe 1:
Der kleine Drache ist nun schon ziemlich lange bei Hanno. In dieser Zeit hat er jede Menge gelernt. ~~Er kann rechnen, Fahrrad fahren und einen Handstand machen.~~ Jetzt möchte er auch noch lesen lernen. Auf der Straße bleibt er vor jedem Plakat und jedem Ladenschild stehen und fragt Hanno, wie die Buchstaben heißen. ~~Hanno hat meistens keine Lust, ihm die Wörter vorzulesen.~~ Der Drache lernt, viele schwierige Wörter zu lesen. ~~Bald kann er EIS, LOTTO und AUTO lesen.~~ Zu Hause möchte er zusammen mit Hanno in dem dicken Geschichtenbuch lesen. ~~Gemeinsam lesen sie die Geschichte vom „Rattenfänger von Hameln“.~~ Sie gefällt ihnen so gut, dass sie erst nach zwei Seiten aufhören. ~~„Lesen ist entspannend!“, stellt der kleine Drache fest.~~ Weil er meint, dass sie beide schnell lesen können, denkt er sich ein Lied aus.

Aufgabe 2:
Kein Drache konnte lesen,
so ist es stets gewesen.
Der kleine Drache kann es …
der Drache und der Hannes.

Aufgabe 3:
z. B. Der Hanno ist der Beste.
Er drückt den Drachen feste.
Dann krault er seinen Bauch.
Das mag der Drache auch.

Weiterführende Anregungen
- Der kleine Drache kann nun viele schwierige Wörter lesen. Nehmen Sie dies zum Anlass für einen Buchstabierwettbewerb mit den Kindern. Benutzen Sie dafür

zunächst die Wörter aus dem Buch (z. B. Apotheke oder Waschsalon). Lassen Sie anschließend die Kinder Wörter sammeln, die sie selbst schwierig finden.

- Um das Erzählen zu trainieren, lassen Sie die Schüler ein Märchen auswählen. In einem ersten Schritt üben sie, das gewählte Märchen flüssig vorzulesen. Anschließend schreiben die Kinder Stichwörter zu den einzelnen Handlungsabschnitten auf Zettel. Diese werden an einer roten Schnur, dem Erzählfaden, befestigt. Daran üben die Kinder das Erzählen nach Stichwörtern und tragen die Märchen der Gruppe vor.
- Alternativ zeichnen die Schüler einen Comic zu ihrem Märchen, indem sie ein Blatt in Felder unterteilen und jeweils ein Bild pro Handlungsabschnitt hineinzeichnen. Die Figuren werden mit Sprech- oder Denkblasen versehen.

Eine Menge gelernt

Zuerst überlegen die Schüler, welche Dinge Hanno im Verlauf des Buches bereits gelernt hat, und markieren diese. Im Anschluss unterstützt sie das Sprichwort „Es ist noch kein Meister vom Himmel gefallen" bei der Erkenntnis, dass man Übung und Geduld braucht, um Fähigkeiten zu verbessern bzw. angestrebte Leistungen zu erreichen.

In einem weiteren Schritt schätzen sich die Schüler selbst ein. Welche Fähigkeiten sind bei ihnen bereits ausgeprägt, was würden sie gerne noch besser können, was möchten sie noch lernen und in welchen Situationen ist Üben überflüssig, weil es sich dabei um reines Glück handelt (würfeln) bzw. es angeboren (Zunge rollen) oder gar nicht möglich ist (fliegen)?

Lösung

Aufgabe 1:

lesen, singen, klettern, Purzelbaum schlagen, tanzen, schreiben, ein Bild malen

Aufgabe 2:

z. B. Das Sprichwort bedeutet, dass man etwas nicht einfach von einem Tag auf den anderen sehr gut kann, sondern dass Fleiß und Übung dazugehören. (Ein ganz ähnliches Sprichwort lautet: „Übung macht den Meister.")

Fabelwesen-Paarspiel

Fabelwesen sind Fantasiegeschöpfe. Sie können menschliche Wesen, Tiere, Geister oder Mischwesen sein. In Märchen, Fabeln oder alten Sagen kommen sie oft vor. Um den Schülern andere Fantasiefiguren neben der des Drachen näherzubringen, bietet sich das Basteln eines Memorys® an. Zuerst zeichnen die Kinder selbst die jeweiligen Geschöpfe und greifen dabei auf die nebenstehenden Beschreibungen zurück. Das Spielen schult das sinnentnehmende Lesen und festigt die Namen der teilweise auch weniger bekannten Fabelwesen.

Weiterführende Anregung

Die Schüler malen mit Wasserfarben Fabelwesen auf ein DIN-A3-Blatt. Dabei greifen sie die Wesen aus dem Legespiel auf oder erfinden eigene.

Drachenstark

Oft werden Tieren in Geschichten, insbesondere in Fabeln, bestimmte Fähigkeiten und Charaktereigenschaften zugeordnet. Die Schüler schreiben jeweils das passende Adjektiv zu dem entsprechenden Tier. Ermöglichen Sie ihnen, bei auftretenden Schwierigkeiten gemeinsam mit einem Partner zu arbeiten. Die fett gedruckten Buchstaben ergeben ein Lösungswort, das den Kindern als Selbstkontrolle dient. In Anlehnung an die Lektüre suchen die Schüler Adjektive, die zu dem kleinen Drachen passen, und schreiben diese in den Drachenumriss.

Lösung

Aufgabe 1:

1. Esel: **D**UMM
2. Hund: T**R**EU
3. Löwe: ST**A**RK
4. Lamm: UNS**C**HULDIG
5. Fuchs: SC**H**LAU
6. Hahn: EIT**E**L

Lösungswort: DRACHE

Aufgabe 2:

z. B. klein, lustig, lieb, schlau, mutig

Siegfrieds Kampf mit dem Drachen

Um den Schülern zu verdeutlichen, dass in vielen Erzählungen Drachen eine wichtige Rolle spielen, setzen sie sich auf dem Arbeitsblatt mit einer Kurzfassung der Sage um Siegfried den Drachentöter auseinander. Der Text zeigt den Schülern, dass Drachenwesen die Menschheit schon sehr lange faszinieren. Zuerst lesen die Kinder den Text für sich und stellen gegebenenfalls Rückfragen zum Verständnis. Je nach Leistungsstand der Kinder ist es sinnvoll, anschließend die Geschichte noch einmal gemeinsam zu lesen.

Danach können Sie den Schülern Gelegenheit geben, die beschriebene Szene (Siegfried sitzt unter einem Baum und der Drache kommt auf ihn zu) zu zeichnen. Hierzu können die Kinder jene Textpassage markieren, in der das Aussehen des Drachen beschrieben wird. Zum Schluss stellen die Schüler einen Vergleich zwischen der Beschreibung des Drachen in der Sage und in der Lektüre an und schreiben entsprechende Stichwörter auf.

Lösung
Aufgabe 2:
Siegfrieds Drache: bösartig, gefährlich, riesig
Hannos Drache: liebenswert, harmlos, klein

Weiterführende Anregung
Im Kunstunterricht gestalten die Schüler eine Drachen-Collage auf einem DIN-A3-Blatt. Dafür zeichnen sie zuerst den Umriss eines Drachen, der anschließend mit Stofffetzen ausgeklebt wird.

11. und 12. Kapitel: **Hanno hat sich verändert**

Inhalt

Als Hanno in die Schule kommt, beleidigt ihn Ludwig. Aber Hanno wehrt sich und sagt: „Ludwig Hall hat einen Knall." Die anderen Kinder lachen und bemerken, dass Hanno sich verändert hat. Beim Vorlesen macht er weniger Fehler, außerdem ist er nicht mehr so dick. Hanno findet die Schule nun viel schöner. Zudem lädt ihn Susi zu ihrem Geburtstag ein.

Nach der Schule gehen Hanno und der kleine Drache in den Park. Der Drache erzählt, dass er vom Drachenland geträumt hat. Da er nun so viele Dinge kann, möchte er nach Hause. Hanno krault ihm noch ein letztes Mal den Kopf. Plötzlich ist der Drache verschwunden.

Gesprächs- und Schreibanlässe

Der Sommer ist da und die Mutter sagt, dass nun nicht mehr geheizt wird.
- Was bedeutet das für den kleinen Drachen?

Ludwig beleidigt Hanno, aber diesmal wehrt er sich.
- Wie reagieren seine Mitschüler darauf?
- Wie fühlt sich Hanno wohl dabei?

Hanno macht die Schule jetzt Spaß.
- Warum geht er nun lieber zur Schule?
- Warum hat Hanno keinen Fußballbauch mehr?
- Wie hat sich Hannos Leben verändert, seit der kleine Drache aufgetaucht ist?

Hanno freut sich, dass Susi ihn zum Geburtstag eingeladen hat.
- Warum denkt er in diesem Moment nicht mehr an den kleinen Drachen?
- Warum möchte er Susi wohl etwas ganz Besonderes schenken?

Als Hanno und der Drache durch den Park laufen, verabschiedet sich der kleine Drache.
- Warum möchte der kleine Drache nicht mehr bei Hanno bleiben?
- Warum ist Hanno nicht lange traurig, als der kleine Drache ihn verlässt?

Hinweise zu den Kopiervorlagen

Ein Brief aus dem Drachenland
Die Kopiervorlage bietet einen kreativen Schreibanlass. Ein Freund des kleinen Drachen schreibt diesem einen Brief und berichtet von seinen Erfahrungen im Drachenland. Auch der Freund wurde von anderen Drachen ausgegrenzt, was jetzt aber offenbar überwunden ist. Darüber hinaus stellt er dem kleinen Drachen Fragen zu seinem Leben bei den Menschen. Die Kinder schreiben einen Antwortbrief, in dem sie frei von den Erlebnissen des kleinen Drachen erzählen und die ihm gestellten Fragen beantworten.

Gehen Sie zur Vertiefung auf verschiedene Aussagen des Briefes näher ein. Draco berichtet beispielsweise davon, dass er nicht mehr wegen seiner drei Klauen geärgert wird. Sprechen Sie mit den Schülern in diesem Zusammenhang über Toleranz gegenüber Menschen, die „anders" sind (Behinderung, andere Herkunft bzw. Hautfarbe etc.): Wie reagierst du, wenn du Menschen begegnest, die „anders" sind? Was genau an ihnen ist „anders", was nicht? Warst du schon einmal – z. B. im Urlaub – selbst derjenige, der „anders" war? Wie war das?

Beispiellösung
Aufgabe 2:
Lieber Draco,
vielen Dank für Deinen Brief. Ja, ich bin weggelaufen, weil die anderen Drachen aus unserer Klasse mich immer geärgert haben. Jetzt bin ich bei Hanno, einem kleinen

Jungen, der in der Schule auch immer geärgert wird. Langweilig wird es mit ihm nie, denn ich lerne jeden Tag etwas Neues von ihm. Ich kann nun schon lesen, singen, Purzelbäume schlagen und auf Bäume klettern. Bestimmt bin ich der einzige Drache, der das kann. Stell Dir vor, die Menschen sehen ganz merkwürdig aus. Sie haben alle nur einen Kopf! Außerdem essen sie ganz andere Dinge als wir. Deshalb fresse ich auch kein normales Feuer, sondern leckeres Schokoladenfeuer. Trotzdem vermisse ich das Drachenland und meine Familie und komme bestimmt bald zurück.
Dein kleiner Drache

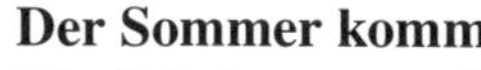

KV Seite 48

Der Sommer kommt
Die Schüler tragen fehlende Wörter ein, um den Inhalt des Kapitels zu wiederholen. Die grau hinterlegten Buchstaben ergeben zur Selbstkontrolle ein Lösungswort. Zur kreativen Beschäftigung mit dem Kapitelinhalt überlegen die Kinder, wie die Einladungskarte von Susi zu ihrer Geburtstagsfeier aussehen könnte. Das genaue Datum, Ort und Uhrzeit denken sie sich dabei aus.

Lösung
Aufgaben 1/2:
1. HOSE**N**
2. HE**I**ZEN
3. RA**N**ZEN
4. KNA**L**L
5. LA**U**FEN
6. FÜ**N**F
7. FR**E**ITAG
8. BESON**D**ERES
9. **G**EBURTSTAGSFEIER

Lösungswort: EINLADUNG

KV Seite 49

Hanno ist nicht mehr allein
Die Schüler basteln ein Domino, mit dem sie spielerisch den Inhalt des letzten Kapitels wiederholen. Um das sinnentnehmende Lesen zu fördern, müssen zwei falsche Dominokarten identifiziert werden. Die Selbstkontrolle erfolgt über das Lösungswort auf den Karten.

Lösung
Aufgaben 1/2:
GESCHENK

KV Seite 50

Die Hauptfiguren
Auf dem Arbeitsblatt ordnen die Schüler vier wichtigen Figuren aus der Lektüre Stichwörter zu. Auf diese Weise wiederholen sie noch einmal inhaltliche Aspekte. Abschließend schreiben sie zu einer Figur ihrer Wahl zusätzliche Informationen stichpunktartig oder ausformuliert in ihr Heft.

Die vorgegebenen Stichwörter und die selbst gesammelten Informationen können für ein Ratespiel unter dem Motto „Wer ist das?“ genutzt werden.

Lösung
Aufgabe 1:
Hanno: war traurig; lernt Purzelbaum schlagen
Drache: lernt Purzelbaum schlagen; macht Hanno Mut; ist weggelaufen
Susi Vogt: lädt Hanno zum Geburtstag ein; schimpft mit Ludwig, als er Hanno ärgert
Ludwig Hall: schafft zehn Purzelbäume; hänselt Hanno; sagt Schimpfwörter

Aufgabe 2:
z. B. Hanno: wird in der Schule geärgert; ist am Anfang dick; hat zuerst keine Freunde; malt einen Drachen in den Sand; bekommt immer Schokolade; geht zuerst nicht gerne zur Schule; hat zuerst Schwierigkeiten in der Schule; wird durch den Drachen selbstbewusster; lernt, sich zu wehren; ist der Einzige, der den Drachen sehen kann
Drache: wird in der Schule geärgert; kann kein Feuer spucken; hat nur einen Kopf; kommt aus dem Drachenland; lernt vieles von Hanno
Susi Vogt: ist auf Hannos Seite; bemerkt, dass Hanno sich verändert hat
Ludwig Hall: nennt Hanno „Bratwurstfriedhof“; sagt, dass Hanno nicht singen und malen kann; lacht Hanno aus und schubst ihn

KV Seite 51

Ein Interview
Ein fiktives Interview, das der kleine Drache nach seiner Rückkehr einem Reporter gibt, verdeutlicht den Schülern, wie der Drache seinen Ausflug in die Menschenwelt erlebt hat. Die Schüler lesen den jeweiligen Antwortsatz des Drachen und formulieren eine passende Frage. Schnellere Kinder können eigene Antwortsätze entwerfen, zu denen die Mitschüler passende Fragen finden. Dies kann in Partner- oder Gruppenarbeit geschehen.

Beispiellösung
Reporter: Warum bist du weggelaufen?
Drache: Ich bin weggelaufen, weil mich die anderen Drachen geärgert haben.
Reporter: Wohin bist du geflohen?
Drache: Ich bin in das Land der Menschen geflohen.
Reporter: Sind Menschen nicht nur Märchenfiguren?

Drache: Nein, sie sind keine Märchenfiguren, es gibt tatsächlich Menschen.
Reporter: Wie heißt der Junge, der dich gefunden hat?
Drache: Der Junge, der mich gefunden hat, heißt Hanno.
Reporter: Wie sehen die Menschen aus?
Drache: Die Menschen haben nur einen einzigen Kopf und keine Flügel.
Reporter: Was essen die Menschen?
Drache: Menschen essen zum Beispiel gerne Spaghetti mit Tomatensoße.
Reporter: Was können die Menschen?
Drache: Die Menschen können viele Sachen. Zum Beispiel schreiben und lesen.

Hanno früher und heute
Um noch einmal den inhaltlichen Ablauf der Geschichte zu rekonstruieren, bringen die Schüler vorgegebene Sätze in die richtige Reihenfolge. Im Zentrum der Kopiervorlage steht die persönliche Entwicklung Hannos. In einem zweiten Schritt zeigen die Schüler deshalb, wie sich Hannos Gefühle im Laufe der Handlung verändert haben, und tragen sie an entsprechender Stelle ein.

Lösung
Aufgabe 1:

Hanno möchte nicht in die Schule gehen.	Hanno trifft den kleinen Drachen. Er wird Hannos erster Freund.	Hanno wehrt sich das erste Mal gegen Ludwig.	Hanno kann nun viel besser schreiben, lesen und malen.	Hanno ist viel dünner geworden und lässt sich nicht mehr von Ludwig ärgern.	Hanno hat Freunde gefunden und wird zu Susi Vogts Geburtstag eingeladen.

Aufgabe 2:

Hanno ist glücklich.
Hanno traut sich mehr zu.
Hanno ist traurig.

Weiterführende Anregung
Gestalten Sie in Anlehnung an Hannos Entwicklung ein Leporello mit den Kindern. Auf diesem können je nach Leistungsstand eigene Sätze zu Hannos Entwicklung und seinen Erlebnissen verschriftlicht werden oder die Kinder nutzen die Sätze des Arbeitsblatts.

Ein Hanno-Gedicht
Hanno und der kleine Drache reimen gemeinsam. Um den Schülern zu verdeutlichen, dass es auch Gedichtformen gibt, die sich nicht reimen, beschäftigen sie sich beispielhaft mit einem Senkrechtgedicht (Akrostichon). Zum Einstieg notieren sie, was ihnen zu Hanno einfällt. Zur Orientierung dient das vorgegebene Gedicht zu dem Wort DRACHE. Differenzierend können zwei Gedichte zu Hanno geschrieben werden, um seine Entwicklung zu verdeutlichen: Das erste Gedicht beschreibt Hanno zu Beginn des Buches, das zweite, wie er am Ende ist.

Beispiellösung
Aufgabe 2:
Hanno geht es am Anfang nicht gut.
Allein fühlt er sich.
Niemand möchte mit ihm spielen.
Nur der kleine Drache ist sein Freund.
Oma gibt ihm Schokolade.

Hanno geht es am Ende viel besser.
Alles hat sich verändert.
Nicht mehr allein ist er.
Nur etwas traurig, weil der kleine Drache weg ist.
Oma gibt ihm keine Schokolade mehr.

Das drachenstarke Hanno-Spiel
Auf spielerische Weise setzen sich die Schüler mit dem Inhalt des Buches auseinander. Kommen sie auf ein Fragefeld, muss eine Frage zur Lektüre richtig beantwortet werden. Erreichen sie ein Aktionsfeld, führen die Kinder die entsprechende Aktion aus. Auf den Blankokärtchen haben die Schüler die Möglichkeit, sich selbst passende Aktionen auszudenken.

Weiterer Unterrichtsvorschlag

Lassen Sie die Kinder eine Fantasiegeschichte zu einem der folgenden Impulse schreiben:

- Hanno und der kleine Drache verabreden sich, um sich in einem Jahr wiederzusehen. Schreibe ihr Gespräch beim Wiedersehen auf.
- Hanno besucht den kleinen Drachen im Drachenland. Was erlebt er dort?
- Der kleine Drache kehrt nach Hause zurück. Schreibe auf, was er dort erzählt und was ihm seine Freunde berichten.
- Du weißt schon viel über das Drachenland. Schreibe auf, wie es aussieht, und male es.

Name:

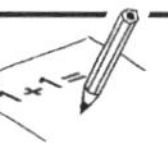
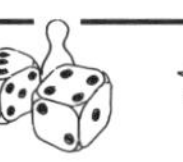
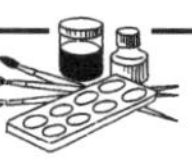

lesen **schreiben** sprechen rechnen spielen malen basteln

Das Buch

Du hältst ein Buch in deinen Händen, das dich in nächster Zeit begleiten wird. Schau es dir einmal genau von außen an. Der Einband verrät dir schon viel über den Inhalt.

Finde die fehlenden Informationen heraus und trage sie ein.

Autor/Autorin
Dies ist die Person, die das Buch geschrieben hat.

Titel
Den Namen eines Buches nennt man Titel.

Verlag
Ein Verlag macht aus einer Geschichte ein Buch und verkauft es.

Illustrator/Illustratorin
So nennt man die Person, die die Bilder gezeichnet hat.

Im Innenteil findest du das Inhaltsverzeichnis. Schau dir die Überschriften der einzelnen Kapitel genau an. Was fällt dir dabei auf?

Name:

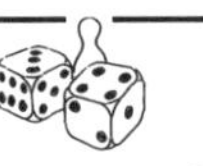

lesen **schreiben** sprechen rechnen spielen **malen** basteln

Die Autorin

Das Buch „Hanno malt sich einen Drachen“ wurde 1978 von der Autorin Irina Korschunow geschrieben.

Lies dir die Angaben in ihrem Steckbrief gut durch.
Schreibe die passenden Begriffe dazu.

Beruf | Name | Weitere Kinderbücher | Geboren am | Wohnort | Auszeichnungen

________: Irina Korschunow

________: 31. Dezember 1925

________: München

________: Autorin von Kinderbüchern, Romanen und Drehbüchern

________: Tukan-Preis, Roswitha-Preis, Hertha-König-Literaturpreis

________: Die Wawuschels mit den grünen Haaren, Der Findefuchs, Kleiner Pelz, Wuschelbär, Es muss auch kleine Riesen geben

Suche dir einen Buchtitel aus.
Überlege, wovon dieses Buch handeln könnte.
Zeichne ein passendes Umschlagbild in den Rahmen.

Name:

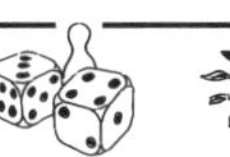
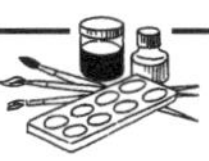

lesen **schreiben** sprechen rechnen spielen malen basteln

Hanno ist allein

Die Sätze sind durcheinandergeraten.
Schreibe sie richtig geordnet auf.

Die fett gedruckten Wörter zeigen dir die Satzanfänge.

möchte   nach dem Aufstehen   zur Schule gehen.   am liebsten gar nicht   **Hanno**

in die Schule   erst   gekommen.   **Dabei**   er   ist   im Herbst

weil   so dick ist.   ausgelacht,   **In** der Schule   er   wird Hanno

Ludwig   **Auf** dem Schulhof   hänselt   Hanno.

wehrt sich nicht   traurig   auf seinen Platz.   **Hanno**   und setzt sich

gehen.   **Er**   nicht mehr   zur Schule   mag

Was denkt und fühlt Hanno?

Hanno geht es schlecht. Er hat Angst vor der Schule, weil seine Mitschüler ihn ärgern.

Kreise ein, welche Begriffe zu Hannos Gedanken und Gefühlen passen.

Freude	allein	Spaß	traurig	einsam	glücklich
Angst	lustig	gemein	ärgern	hänseln	schön

Schreibe Hannos Gedanken und Gefühle auf.
Schreibe in der Ich-Form. Die Stichwörter von oben helfen dir.

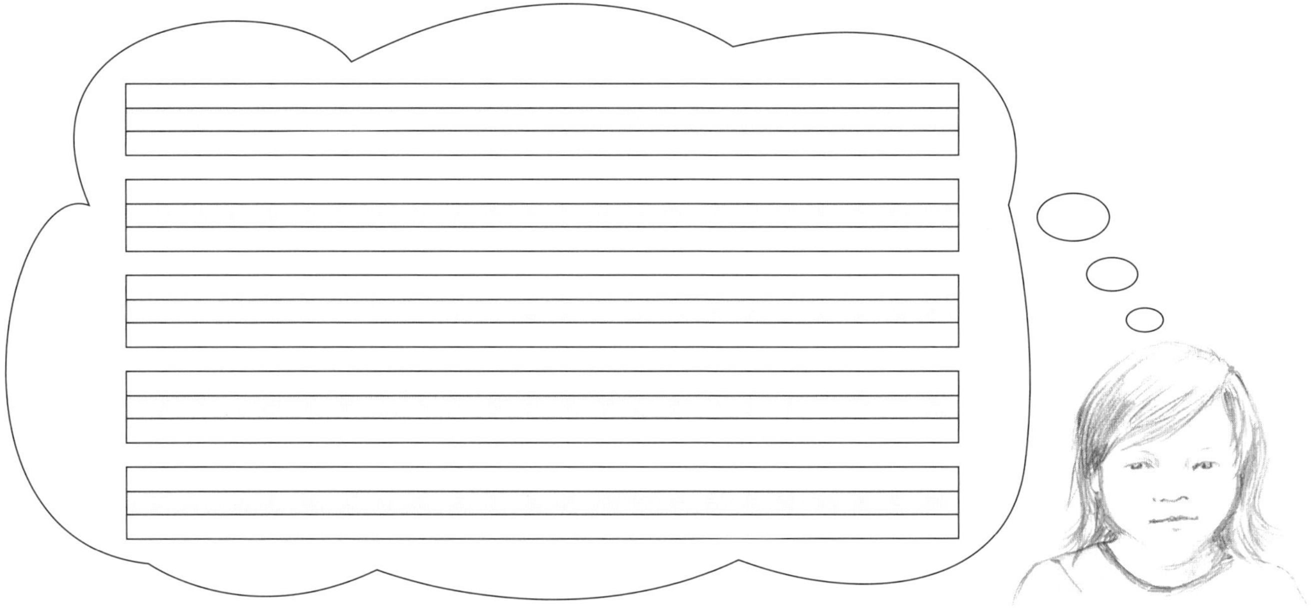

Stell dir vor, Hanno würde sich dir anvertrauen.
Was würdest du ihm sagen?

Zwischen Wut und Trauer

Hanno ist nicht glücklich in der Schule.

Wie fühlt sich Hanno? Verbinde jeweils mit dem passenden Wiewort.

Situation	Wiewort
Ein paar Kinder lachen und der Ludwig kommt und schubst Hanno gegen die Bank. Hanno möchte ihn auch schubsen. •	• traurig
Er denkt, dass der Ludwig stärker ist und viele Freunde hat, die ihm helfen. •	• entmutigt
Hanno hat keinen Freund. •	• wütend
„Hanno!“, ruft Frau Beck. „Wach auf! Du sollst lesen.“ Hanno zuckt zusammen. •	• verletzt
Mit dem Rechnen geht es ihm nicht besser und in der Zeichenstunde mag er gar nicht erst anfangen ein Bild zu malen. Ich kann es doch nicht, denkt er. •	• schwach
„Der Bratwurstfriedhof ist viel zu fett. Der kann nicht mal ein Bein hochheben“, sagt Ludwig Hall. •	• erschrocken

Welches Wiewort gehört zu welchem Namenwort?
Kreise mit derselben Farbe ein.

traurig einsam zornig
verletzt glücklich ängstlich
schrecklich enttäuscht

die Traurigkeit die Enttäuschung
die Angst das Glück
die Verletzung der Schreck
der Zorn die Einsamkeit

Gefühle

Male zu jedem Gefühl den passenden Smiley.

☺ ein gutes Gefühl
☹ ein schlechtes Gefühl

◯ wütend	◯ ängstlich	◯ unwohl	◯ enttäuscht
◯ beleidigt	◯ glücklich	◯ stolz	◯ einsam
◯ verliebt	◯ fröhlich	◯ entsetzt	◯ froh
◯ traurig	◯ gelangweilt	◯ zornig	

Was macht dich besonders glücklich? Kreuze an.
Du kannst auch etwas aufschreiben.

- ☐ eine gute Note
- ☐ ein neues Computerspiel
- ☐ mehr Taschengeld
- ☐ ein Ausflug mit deiner Familie
- ☐ den Sonnenaufgang zu sehen
- ☐ ganz viele Süßigkeiten
- ☐ wenn deine Eltern Zeit für dich haben
- ☐ ein Nachmittag mit deinen Freunden
- ☐ ______________________
- ☐ ______________________

Zeichne eine Situation, die dich traurig gemacht hat.

Name:

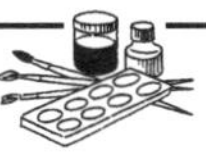

lesen **schreiben** **sprechen** rechnen spielen malen basteln

Wer hilft mir?

Hanno wird von den anderen Kindern geärgert. Er erzählt niemandem von seinen Problemen, bis er den kleinen Drachen trifft.

Wem könnte Hanno sich anvertrauen? Nenne drei Figuren aus dem Buch.

Suche dir eine Person von oben aus.
Was könnte sie tun, um Hanno zu helfen? Schreibe auf.

Was würdest du an Hannos Stelle tun?

Wenn du Schwierigkeiten hast, kannst du andere um Hilfe bitten.
Lies dir die einzelnen Situationen durch.
An wen kannst du dich wenden? Sprecht darüber.

In der Schule hast du eine Aufgabe nicht verstanden.

Auf der Heimfahrt ärgern dich im Schulbus größere Kinder.

Du hast deinen Schlüssel verloren und kommst nicht in die Wohnung.

Beim Einkaufen hast du deine Eltern aus den Augen verloren.

Der kleine Drache kommt

Schneide die Sätze aus und bringe sie in die richtige Reihenfolge.
Klebe sie anschließend auf ein Blatt.
Die Wörter am Rand ergeben einen Lösungssatz.

✂

Als Nächstes flüstert der kleine Drache Hanno zu, dass er von dort weggelaufen ist.	Park
Darauf erzählt ihm Hanno, dass man in der Menschenschule statt Feuerspucken Lesen und Schreiben und Rechnen übt.	ein
Zuletzt bittet der kleine Drache Hanno, ihn unbedingt einmal mit in die Menschenschule zu nehmen.	kleiner
Danach entdeckt er noch einen Rücken mit zwei Flügeln und einen langen Schwanz und vier Klauen.	traurig
Nun berichtet er Hanno traurig, dass er aber noch kein Feuer spucken kann, weil er keine drei Köpfe hat.	plötzlich
Der kleine Drache erzählt, dass man in seiner Schule Feuerspucken lernt.	erscheint
Er ist fortgegangen, weil er in der Schule gehänselt wurde, seine Flügel zu klein zum Fliegen sind und er nur einen einzigen Kopf hat.	malt,
Schließlich gehen die beiden zu Hanno nach Hause.	Drache.
Traurig läuft Hanno durch den Park. Mit einem Zweig malt er Striche und Kringel und einen Kreis in den Sand.	Als
Das seltsame Ding erklärt Hanno, dass es ein Drache ist, der aus dem Drachenland kommt.	im
Auf einmal wird aus dem Kreis ein Kopf. Der Kopf ist schwarz und Hanno sieht eine Zunge und eine Nase.	Hanno

Name:

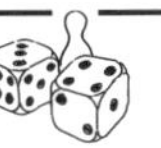

lesen **schreiben** sprechen rechnen spielen malen basteln

Gesucht wird …

Lies den Steckbrief des kleinen Drachen.
Streiche falsche Informationen durch.

STECKBRIEF

Größe: klein ~~groß~~ wie ein Elefant wie ein Meerschweinchen

Farbe und Haut: grün gelb schwarz schuppig glatt

Flügel: drei Flügel keine Flügel zwei Flügel groß winzig

Schwanz: lang kurz lila

Klauen: acht sieben vier breit schmal

Besonderheiten: kann nicht fliegen kann gut fliegen kann Feuer spucken kann kein Feuer spucken nur ein Kopf hundert Köpfe

Der kleine Drache ist davongelaufen. Jetzt sucht die Drachenpolizei nach ihm. Schreibe mithilfe des Steckbriefes eine Suchanzeige.

GESUCHT

Es wird ein Drache gesucht.

Er ist etwa so klein ______________________

____

____

____

____

Name:

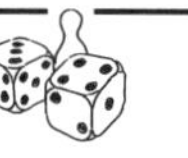
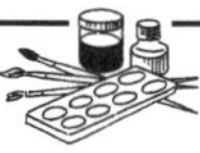

lesen **schreiben** sprechen rechnen spielen malen basteln

Der kleine Drache frisst Schokoladenfeuer

Welche Sätze sind richtig? Male die Schokoladentafeln an.

 Hannos Haus hat keinen Garten. **E**

 Oben im Haus wohnen seine Großeltern. **H**

 Als Hanno nach Hause kommt, gibt ihm seine Oma ein großes Stück Kuchen. **L**

 Hannos Mutter freut sich darüber. **T**

 Im Zimmer entdeckt der kleine Drache einen Ofen. **U**

 Das Haus hat noch Öfen, weil es so alt ist. **N**

 Der kleine Drache frisst das Holz im Ofen. **O**

 Hanno isst am liebsten Spaghetti mit Tomatensoße. **G**

 Seine Oma gibt ihm fast jeden Tag mindestens eine Tafel Schokolade. **E**

 Hanno wirft für den kleinen Drachen Schokolade in das Feuer. **R**

 Dem Drachen schmeckt das Schokoladenfeuer zuerst nicht. **N**

Die Buchstaben hinter den richtigen Sätzen ergeben ein Lösungswort. Trage es ein.

Lösungswort: ___ ___ ___ ___ ___ ___

Schreibe selbst einen richtigen und einen falschen Satz zu dem Kapitel auf. Dein Nachbar soll den falschen Satz finden.

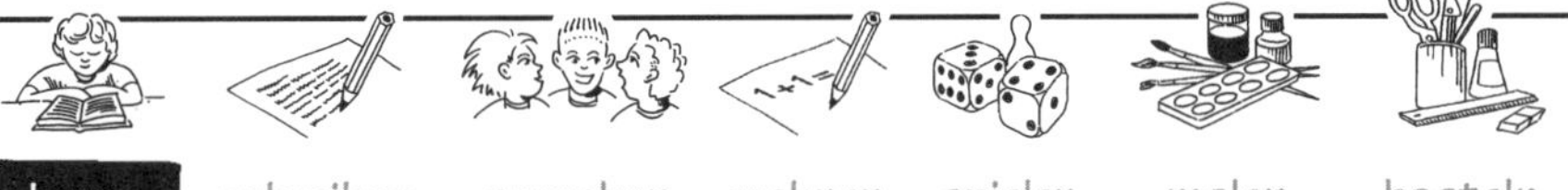

Name:

lesen schreiben sprechen rechnen spielen malen basteln

Gesunde Ernährung

Lies den Text über gesunde Ernährung. In jedem Abschnitt haben sich zwei falsche Wörter versteckt. Streiche sie durch.

1. Unser Körper braucht viele verschiedene ~~Nudeln~~ Nährstoffe, um Energie, Kraft und Wärme zu erzeugen. Ohne Nahrung fühlen wir uns schlapp und müde. Die einzelnen Nahrungsmittel teilt man in verschiedene Gruppen Gänse ein. Aus allen Gruppen sollte man täglich etwas essen. Man darf aber nicht aus allen Gruppen die gleiche Menge Lebensmittel zu sich nehmen.

2. Um gesund zu bleiben, sollte man seinem Körper zum Beispiel möglichst viele Vitamine Vampire geben. Man findet sie in Gras Gemüse und Obst.

3. Außerdem benötigt unser Körper Kater viele Kohlenhydrate. Sie sind vor allem in Getreideprodukten wie Brot oder auch in Kartoffeln zu finden. Kohlenhydrate liefern dem Körper beim Verbrennen Wärme und Kraft Kleider. Besonders gesund sind Vollkornprodukte.

4. Durch Eiweiße und Mineralstoffe baut der Körper neue Zellen Zähne (zum Beispiel Muskeln) auf. Eiweiß findet man vor allem in Fleisch, Fisch und Eiern. Damit die Knochen stabil bleiben, braucht der Körper den Mineralstoff Kalzium. Kalzium kommt besonders in Milchprodukten wie Steinen Milch, Käse und Joghurt vor.

5. Auch Fette Federn braucht unser Körper, um gesund zu bleiben. Hier reichen aber schon sehr kleine Mengen Mäuse aus.

6. Ab und zu ein paar Süßigkeiten sind nicht schädlich für unseren Körper. Isst man aber zu viele Süßigkeiten oder trinkt zu viele gezuckerte Getränke, wird man sehr schnell klein dick. Außerdem schadet Zucker den Zähnen Haaren.

7. Ganz wichtig ist noch, dass man viel trinkt taucht, um gesund zu bleiben. Der Körper besteht nämlich zum größten Teil aus Wasser. Am besten eignet sich reines Wasser, da es keinen Zug Zucker enthält.

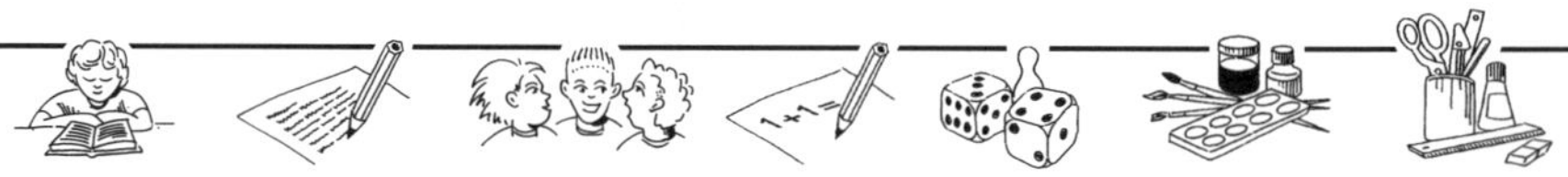

Name:

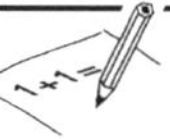

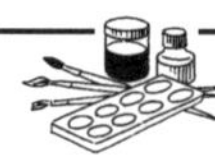

lesen schreiben sprechen rechnen spielen malen **basteln**

Die Ernährungspyramide

Hanno wird gehänselt, weil er zu dick ist. Seine Oma gibt ihm immer wieder Süßigkeiten zu essen. Experten haben eine Ernährungspyramide entwickelt. Sie zeigt uns, wie viel wir von welchen Lebensmitteln essen sollen, damit wir gesund leben.

Schneide die Lebensmittel aus.
Klebe sie jeweils an die richtige Stelle in der Pyramide.

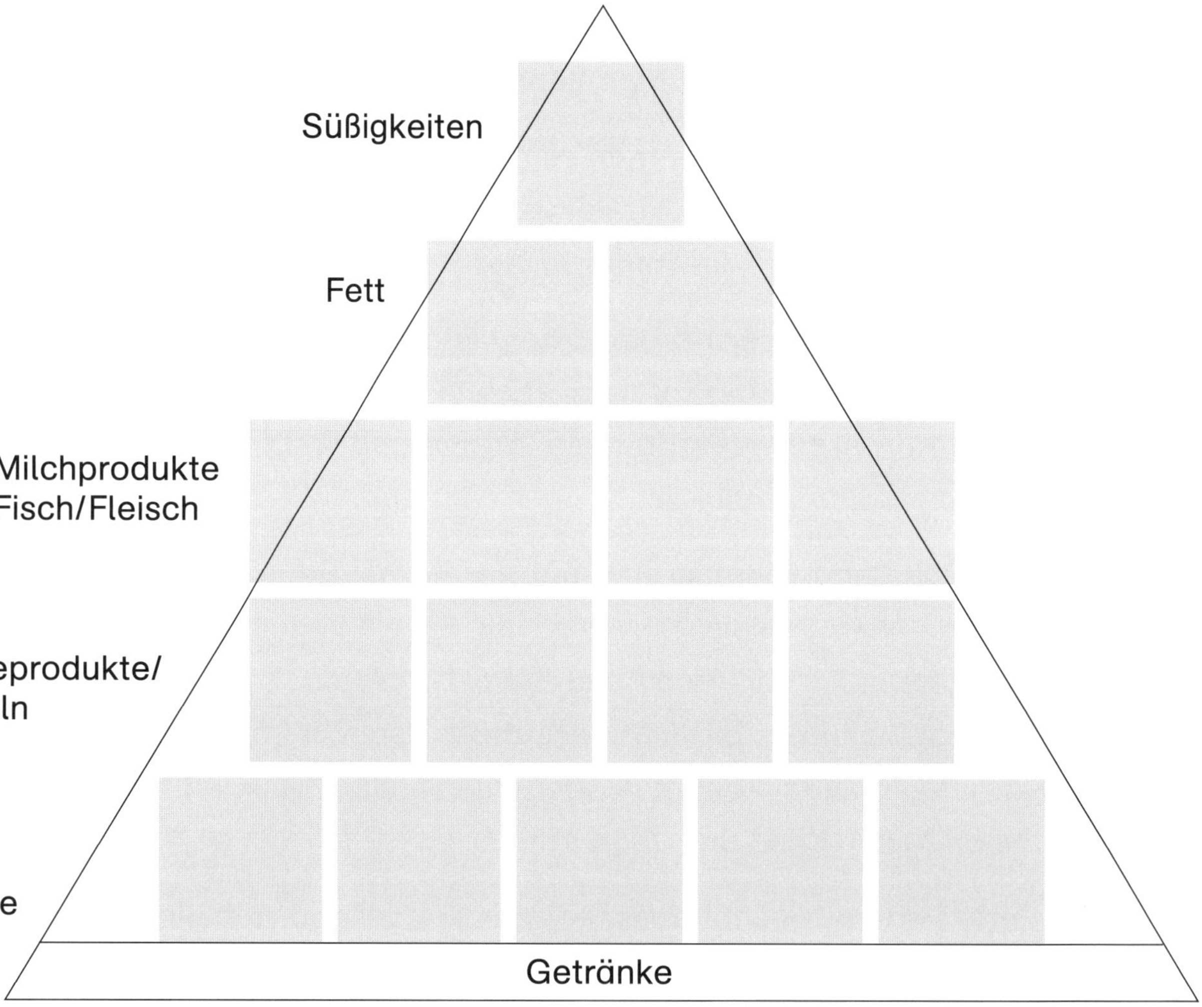

Süßigkeiten

Fett

Milchprodukte
Fisch/Fleisch

Getreideprodukte/
Kartoffeln

Obst/
Gemüse

Getränke

Name: 

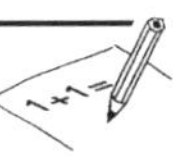

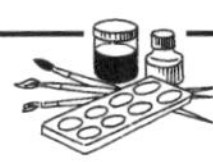

lesen **schreiben** sprechen **rechnen** spielen malen basteln

Zuckersüße Leckereien

In einigen Lebensmitteln ist besonders viel Zucker enthalten.

Male für je 10 Zuckerwürfel ein Kästchen an.

Lebensmittel	Zuckerwürfel	Weniger Zucker
1 Flasche Cola (1 Liter) 40 Würfel		
1 Glas Nuss-Nugat-Creme (400 g) 80 Würfel		
Orangennektar (1 Liter) 30 Würfel		
1 Tafel Schokolade (100 g) 20 Würfel		
1 Rosinenschnecke 20 Würfel		
1 Tüte Gummibärchen (200 g) 40 Würfel		
3 Kugeln Vanilleeis 10 Würfel		
1 Packung Butterkekse (200 g) 20 Würfel		

Was kannst du stattdessen essen oder trinken, das weniger Zucker enthält? Überlege gemeinsam mit einem Partner. Schreibe daneben auf.

Name:

lesen **schreiben** sprechen rechnen spielen malen basteln

Durcheinander

Hier sind zwei Kapitel durcheinandergeraten.

Welche Sätze passen zu welchem Kapitel?
Unterstreiche mit verschiedenen Farben.

grün: Sätze zum Kapitel „Der kleine Drache lernt singen"
rot: Sätze zum Kapitel „Der kleine Drache geht zur Schule"

Der kleine Drache isst eine ganze Tafel Schokolade im Schokoladenfeuer.
Dann stellt er sich auf die Hinterpfoten und fängt an zu hüpfen und zu springen.
Am nächsten Morgen nimmt Hanno den kleinen Drachen mit zur Schule.
Der kleine Drache macht einen Drachen-Freudentanz.
Dort wird Hanno von Ludwig geschubst und fällt gegen den Tisch.
Im Unterricht kann Hanno gar nicht richtig aufpassen.
Er denkt nur an Ludwig.
Hanno will dem Drachen erklären, was Musik ist.
Darum singt er dem kleinen Drachen ein Lied vor.
Darum macht er Fehler beim Schreiben.
Der kleine Drache ist begeistert davon, wie schön Hanno singt.
Der kleine Drache erzählt, dass die anderen Drachen ihn auch gehänselt haben.
Beim dritten Mal singt er sogar selbst mit.
Hanno und der Drache singen das Drachenlied und tanzen durch das Zimmer.
Er meint, dass er sich wehrt, wenn Hanno sich gegen Ludwig wehrt.
Hannos Mutter bemerkt den Drachen nicht, als sie ins Zimmer kommt.
Als Ludwig Hanno wieder ärgert, schubst Hanno ihn zu Boden.
Susi Vogt findet es ganz richtig, dass Hanno sich wehrt.

Schreibe den Inhalt eines Kapitels richtig in dein Heft.

Name:

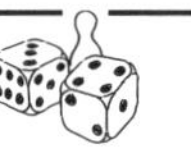

lesen **schreiben** sprechen rechnen spielen malen basteln

Wehr dich doch mal!

Hanno wird immer von Ludwig geärgert. Der kleine Drache möchte, dass Hanno sich endlich wehrt.

Wer sagt was? Male alle Sprechblasen mit der richtigen Farbe aus.

Ludwig Hall: blau
Der kleine Drache: rot
Hanno: grün
Susi Vogt: gelb

Schubs ihn doch auch mal.

Mach Platz, Bratwurstfriedhof.

Hast du dich gewehrt?

Aber klug ist er nicht, der Ludwig. Er hat gesagt, du brummst. Dabei kannst du so schön singen.

Trau dich doch mal. Dann trau ich mich auch. Später, wenn ich wieder zu Hause bin.

Der Fußballbauch hat mich geschubst.

Dieser Ludwig ist ekelhaft. Genauso ekelhaft wie ein paar Drachen aus meiner Klasse.

Du hast ja angefangen. Jeden Tag schubst du den Hanno. Ganz richtig, dass er sich mal wehrt.

Vielleicht ist er auch gar nicht so stark. Vielleicht tut er bloß so. Und wenn du dich wehrst, läuft er weg.

Findest du, dass Hanno sich richtig verhalten hat? Was hättest du getan?

Wie kommt es, dass Hanno sich auf einmal wehrt?

Der kleine Drache lernt schreiben

In dem Gitterrätsel sind die Antworten auf die Fragen versteckt.
Male sie mit verschiedenen Farben an.

rot: Was wirft der kleine Drache in den Ofen?
dunkelblau: Was muss Hanno machen?
gelb: Um welches Tier geht es?
grün: Welches Hauptwort schreibt Hanno beim dritten Mal falsch?
rosa: Worauf kaut Hanno herum?
grau: Hanno findet, dass er nicht richtig … kann.
orange: Welche zwei Dinge gibt Hanno dem kleinen Drachen?
hellblau: Wer lobt Hanno?
braun: Welches Wort reimt der Drache auf schreiben?
lila: Was bläst der kleine Drache Hanno ins Gesicht?

L	S	C	H	O	K	O	L	A	D	E	Ü	P	H	E	P
H	N	T	U	H	M	Ö	P	U	E	A	I	B	V	N	B
A	L	M	U	R	T	C	Ä	Ü	P	C	Q	L	E	U	L
S	P	U	X	E	S	C	H	R	E	I	B	E	N	Z	E
E	A	T	K	N	G	P	A	P	I	E	R	I	I	H	I
M	L	T	M	S	R	V	O	H	T	M	S	B	E	G	S
P	N	E	W	A	U	G	Ü	F	Ü	L	L	E	R	U	T
C	E	R	U	H	O	A	H	D	X	V	E	N	R	M	I
H	A	U	S	A	U	F	G	A	B	E	N	C	Z	T	F
W	Ö	L	K	C	H	E	N	C	B	L	O	K	I	C	T

Name:

   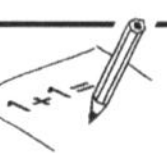   

lesen **schreiben** sprechen rechnen spielen malen basteln

Schreiben lernen ist schwer

Hanno fällt das Schreibenlernen sehr schwer.

Schreibe auf, was Hanno eigentlich schreiben wollte.

1. Der Drach ht zwei Flugel.

2. Zsammen lern wr viele neu Sachn.

3. Enmal schlagt dr Dache sogar einen Puzelbaum.

4. Auch in di Schue komm der rache mt.

5. In dr Schule hlft mir der kline Drache, mich zu wehren.

Wie war das Schreibenlernen für dich? Was ist dir leichtgefallen? Was fiel dir eher schwer? Schreibe auf.

„So geht das“

Diese Wörter kommen im Buch häufig vor. An welchen Stellen musst du beim Schreiben besonders gut aufpassen? Male sie rot an.

der Drache, Hanno, die Schule, der Junge, dick, ärgern,
die Klasse, traurig, das Feuer, zusammen, essen,
der Hunger, die Freunde, die Lehrerin

Decke die Wörter nacheinander mit deinem Radiergummi ab. Schreibe sie auswendig auf. Kontrolliere anschließend.

Welche der Wörter sind Namenwörter? Schreibe sie auf.

Suche dir zwei Wörter aus. Schreibe damit jeweils einen Satz.

Name:

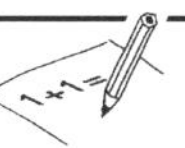
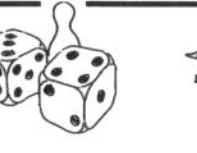
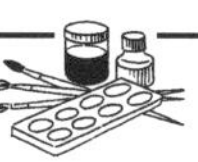

lesen schreiben sprechen rechnen spielen malen basteln

Der kleine Drache schlägt einen Purzelbaum

Hanno und der Drache lernen wieder etwas Neues.

Wie gehen die Sätze weiter? Male zusammengehörende Satzteile jeweils mit der gleichen Farbe an.

Als der Drache Hanno von seiner Familie erzählen möchte,	und Hanno wirft die Hälfte in den Ofen.
Der kleine Drache bettelt	bis sie vier Purzelbäume hintereinander schaffen.
Im Drachenland gibt es ein Feuerfest,	was Purzelbäume sind.
Hanno erzählt dem kleinen Drachen,	dass er höchstens einen Purzelbaum schlagen kann.
Der kleine Drache weiß nicht,	bei dem alle Drachenkinder um die Wette Feuer blasen.
Zusammen üben sie so lange,	kommt die Oma mit Streuselkuchen ins Zimmer.

Name:

lesen **schreiben** **sprechen** rechnen **spielen** malen basteln

Bewegung

Schätze zuerst. Überprüfe anschließend in der Turnstunde und trage ein.

	geschätzt	gezählt
Wie viele Purzelbäume kannst du schlagen?		
Wie oft kannst du auf einem Bein hüpfen?		
Wie oft kannst du Seilspringen?		
Wie weit kannst du ohne Anlauf springen?		
Wie oft kannst du einen Ball ganz hoch in die Luft werfen und ihn wieder auffangen, ohne dass er auf den Boden fällt?		

Welche Übungen könnte Hanno dem kleinen Drachen noch zeigen? Denke dir weitere Übungen aus, trage sie in die Tabelle ein und probiere selbst aus.

Welche Sportart übst du aus?

Wie fühlst du dich danach?

Warum ist Hanno glücklich, obwohl er so müde ist? Sprecht darüber.

Name:

lesen **schreiben** sprechen rechnen spielen **malen** basteln

Der kleine Drache malt ein Bild

Kreuze jeweils das richtige Satzende an.
Wenn du die Lösungsbuchstaben von unten nach oben liest, erhältst du ein Lösungswort. Trage es unten ein.

1. In der Schachtel, die Hanno bekommen hat, sind …
   - ☐ Wachsmalstifte. **A**
   - ☐ Filzstifte. **X**
   - ☐ Buntstifte. **R**

2. Auf Hannos Bild aus dem Kindergarten sieht man …
   - ☐ zwei Fische. **E**
   - ☐ drei Blumen. **R**
   - ☐ einen Drachen. **N**

3. Hanno malt den Drachen rot, weil er …
   - ☐ wirklich rot ist. **O**
   - ☐ so lustig ist. **D**
   - ☐ Feuer spucken kann. **P**

4. Als der Drache Hanno malt, vergisst er …
   - ☐ den dicken Bauch. **E**
   - ☐ die Haare. **S**
   - ☐ die Beine. **L**

5. Die schönsten Bilder hängen sie …
   - ☐ über Hannos Bett. **I**
   - ☐ neben den Ofen. **T**
   - ☐ ans Fenster. **H**

6. Hanno sagt: „Der Ludwig Hall wird …
   - ☐ sich ärgern.“ **F**
   - ☐ sich wundern.“ **B**
   - ☐ sich freuen.“ **R**

Lösungswort: ___ ___ ___ ___ ___ ___.

Male eines der Bilder, die Hanno gemalt hat.

Warum dachte Hanno, dass er nicht malen kann?

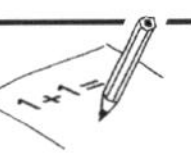

Name:

lesen **schreiben** sprechen rechnen spielen malen basteln

Der kleine Drache klettert auf einen Baum

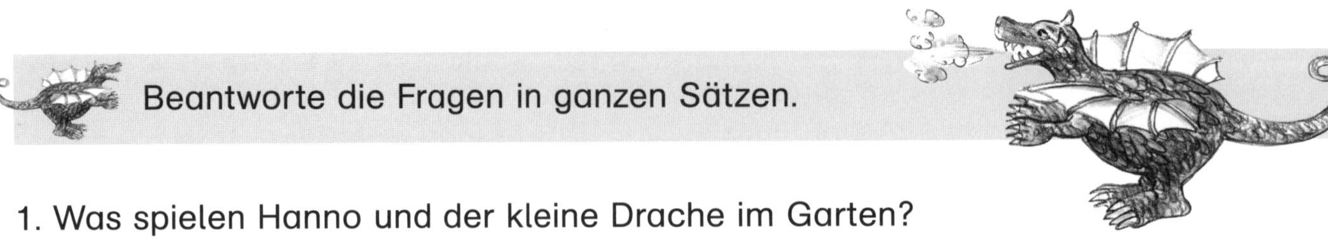

Beantworte die Fragen in ganzen Sätzen.

1. Was spielen Hanno und der kleine Drache im Garten?

2. Warum möchte Hanno plötzlich ganz schnell reingehen?

3. Was macht die Nachbarin Frau Bergmann?

4. Warum fängt der kleine Drache plötzlich an zu weinen?

5. Wohin steckt Hanno den kleinen Drachen?

6. Wer hilft Hanno wieder herunter vom Baum?

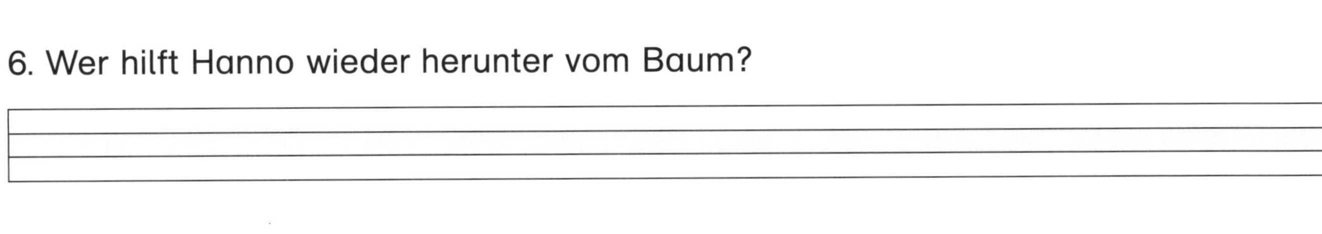

Hanno und der kleine Drache können vom Baum aus den ganzen Garten, die Straße und den Balkon vom Nachbarhaus sehen. Was könnten die beiden noch sehen? Denke dir drei Dinge aus und schreibe sie auf.

Name:

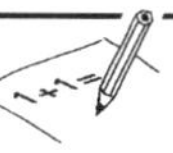

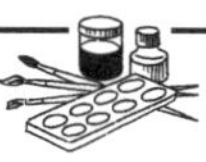

lesen **schreiben** sprechen rechnen spielen malen basteln

Wortfelder

Hanno klettert auf einen Baum. Da es sehr anstrengend ist, japst und stöhnt er. Diese beiden Wörter gehören zu einem Wortfeld.

Welche dieser Wörter gehören noch zu diesem Wortfeld? Male sie an.

keuchen | sehen | blicken | schaffen | ächzen | lachen | klagen

klettern | schnaufen | sitzen | hängen | stemmen | hecheln | röcheln

In jedem Kästchen passt ein Tunwort nicht zum Wortfeld. Streiche es durch.

bummeln, laufen, **gehen**, wandern, schlendern, schauen	kritzeln, eintragen, lesen, **schreiben**, notieren, tippen
tuckern, brausen, **fahren**, hupen, rollen, sausen	reden, erzählen, **sagen**, schwatzen, zuhören, sprechen

Suche zu den Tunwörtern noch ein weiteres aus dem gleichen Wortfeld. Schreibe es dazu.

weinen, heulen, ________

rennen, rasen, ________

schreien, brüllen, ________

sehen, schauen, ________

Name:

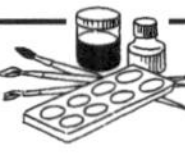

lesen **schreiben** **sprechen** rechnen spielen malen basteln

Der kleine Drache liest eine Geschichte

Lies dir die Zusammenfassung des Kapitels gut durch.
Streiche die Sätze durch, die nicht passen.

Der kleine Drache ist nun schon ziemlich lange bei Hanno. In dieser Zeit hat er jede Menge gelernt. Er kann rechnen, Fahrrad fahren und einen Handstand machen. Jetzt möchte er auch noch lesen lernen. Auf der Straße bleibt er vor jedem Plakat und jedem Ladenschild stehen und fragt Hanno, wie die Buchstaben heißen. Hanno hat meistens keine Lust, ihm die Wörter vorzulesen. Der Drache lernt, viele schwierige Wörter zu lesen. Bald kann er EIS, LOTTO und AUTO lesen. Zu Hause möchte er zusammen mit Hanno in dem dicken Geschichtenbuch lesen. Gemeinsam lesen sie die Geschichte vom „Rattenfänger von Hameln". Sie gefällt ihnen so gut, dass sie erst nach zwei Seiten aufhören. „Lesen ist entspannend!", stellt der kleine Drache fest. Weil er meint, dass sie schnell lesen können, denkt er sich ein Lied aus.

Schreibe das Lied auf, das die beiden gedichtet haben.

Wie könnte das Lied weitergehen? Schreibe auf.

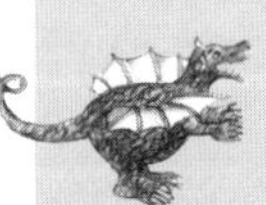

Was der kleine Drache sich vornimmt, das schafft er auch.
Erkläre, woran das liegt.

Eine Menge gelernt

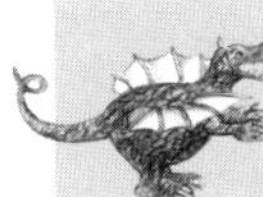

Hanno und der kleine Drache üben fleißig. Was können die beiden jetzt? Male gelb an.

lesen | singen | klettern | Fahrrad fahren | Purzelbaum schlagen | tanzen | schreiben | schwimmen | fliegen | ein Bild malen

Kennst du das Sprichwort „Es ist noch kein Meister vom Himmel gefallen"? Was bedeutet es? Erkläre.

Male mit unterschiedlichen Farben an.

grün: Das kann ich schon gut.
gelb: Das möchte ich noch besser können.
orange: Das kann ich noch lernen.
rot: Da bringt Lernen nichts.

kraulen | Brustschwimmen | Gitarre spielen | ein Rad schlagen

eine Sechs würfeln | Ski fahren | Witze erzählen | lesen

singen | fliegen | Fußball spielen | meine Zunge rollen

tanzen | malen | Fahrrad fahren | rechnen | schreiben

Fabelwesen-Paarspiel

Male die Fabelwesen auf die Kärtchen.

Schneide die Kärtchen aus und spiele mit einem Partner.

Einhorn	Ich sehe fast wie ein Pferd aus. Auf meiner Stirn trage ich aber ein langes Horn. Mein Fell ist weiß. Ich beschütze die Tiere und Pflanzen des Waldes.	Drache	Meist habe ich drei oder sieben Köpfe. Meine Haut hat Schuppen wie die einer Schlange. Ich kann Feuer speien.
Meerjungfrau	Ich lebe im Wasser. Ich habe einen Kopf und Arme wie ein Mensch. Anstelle von Beinen habe ich aber einen Fisch-schwanz.	Werwolf	Ich sehe aus wie ein Mensch. Ich kann mich aber in einen Wolf verwandeln. In vielen Geschichten verwandle ich mich nur bei Vollmond.
Vampir	Ich sehe aus wie ein Mensch. Am Tag schlafe ich in meinem Sarg. Nachts gehe ich auf die Jagd nach Blut und beiße Menschen mit meinen spitzen Zähnen.	Riese	Ich sehe wie ein Mensch aus. Ich bin aber viel größer und viel stärker.
Greif	Mein Körper sieht aus wie der eines Löwen. Ich habe aber den Kopf und die Flügel eines Raubvogels.	Mantikor	Ich habe den Kopf eines Menschen und den Körper eines Löwen. Mein Schwanz gehört zu einem Drachen oder einem Skorpion.

Name: ____________________

   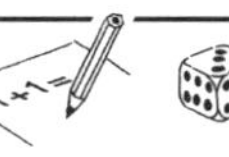  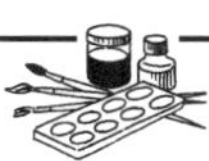 

Drachenstark

In vielen Geschichten, Märchen und Fabeln werden einzelnen Tieren bestimmte Eigenschaften zugeordnet. Weißt du, welche das sind?

Ordne die Wiewörter den Tieren zu. Die fett gedruckten Buchstaben ergeben ein Lösungswort. Trage es unten ein.

UNS**C**HULDIG SC**H**LAU **D**UMM EIT**E**L T**R**EU ST**A**RK

1. Esel: __ __ __ __
2. Hund: __ __ __ __
3. Löwe: __ __ __ __ __
4. Lamm: __ __ __ __ __ __ __ __ __ __
5. Fuchs: __ __ __ __ __ __
6. Hahn: __ __ __ __ __

Lösungswort: __ __ __ __ __ __
1 2 3 4 5 6

Finde fünf Wiewörter, die zu Hannos Drachen passen.
Schreibe sie in den Umriss.

Siegfrieds Kampf mit dem Drachen

Drachen kommen in vielen Geschichten vor. Eine sehr alte Geschichte entstand vor über 800 Jahren. Sie erzählt von Siegfried dem Drachentöter.

Lies, wie Siegfried dem Drachen begegnete.

Siegfried lebte bei dem Schmied Mimir, der ihn als Säugling im Wald gefunden hatte. Mit der Zeit wurde Siegfried so stark, dass er eines Tages den Amboss entzweischlug.

Um ihn loszuwerden, schickte der Schmid Siegfried in den dunklen Wald, um Holz zu holen. Dort lebte der Bruder des Schmieds, der sich in einen gefährlichen Drachen verwandelt hatte. Er sollte Siegfried töten.

Als Siegfried sich im Wald erschöpft unter einen Baum setzte, schoss der Drache auf ihn zu. Er hatte Zähne so groß und scharf wie Messer und mit einem Schlag seines Schwanzes fällte er ganze Bäume. Siegfried hob einen Baumstamm auf und schlug ihn auf den Kopf des Drachen. Der Drache fiel betäubt zu Boden und Siegfried nahm seine Axt und tötete ihn. Da Siegfried großen Hunger hatte, briet er sich das Fleisch des Drachen. Er berührte es mit dem Finger, um zu testen, ob es gar war. Dabei verbrannte er sich. Um die Wunde zu kühlen, steckte er sich den Finger in den Mund. Plötzlich verstand er die Sprache der Vögel. Sie verrieten ihm, was Mimir vorgehabt hatte. Und da, wo der Finger das Blut des Drachen berührt hatte, wurde seine Haut unverletzbar.

Als Siegfried das feststellte, bestrich er seinen ganzen Körper damit. Nur an eine Stelle zwischen seinen Schultern kam er nicht heran.

Als Siegfried nach Hause kam, hatte der Schmied große Angst. Er schenkte ihm das Schwert Gram. Um sich zu rächen, erschlug Siegfried den Schmied.

Viele Jahre und Abenteuer später verriet jemand das große Geheimnis von Siegfrieds verwundbarer Stelle. So geschah es, dass er an dieser Stelle durch einen Speer getötet wurde.

Vergleiche den Drachen aus der alten Sage mit dem Drachen aus dem Buch. Worin unterscheiden sie sich? Schreibe in Stichworten ins Heft.

Name:

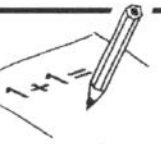
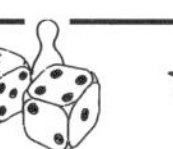
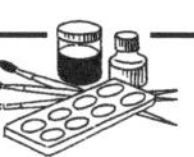

lesen **schreiben** sprechen rechnen spielen malen basteln

Ein Brief aus dem Drachenland

Eines Tages steckt ein Brief an den kleinen Drachen in Hannos Briefkasten. Lies den Brief.

Lieber kleiner Drache,

ich habe gehört, dass Du zu den Menschen gegangen bist. Bist Du wegen der gemeinen Kinder aus unserer Klasse weggelaufen? Das kann ich verstehen. Am Anfang waren sie auch sehr gemein zu mir. Aber nun sind sie viel netter geworden. Ich werde auch gar nicht mehr wegen meiner drei Klauen geärgert. Ist es bei den Menschen nicht furchtbar langweilig? Wie sehen die Menschen überhaupt aus? Haben sie auch drei Köpfe wie wir Drachen? Bekommst Du genug Feuer zu fressen?

Wir haben gerade in der Schule gelernt, wie man ganz große Feuer spucken kann. Das macht Riesenspaß!

Kommst Du bald zu uns zurück? Ich würde mich sehr freuen, Dich bald wiederzusehen!

Dein Draco

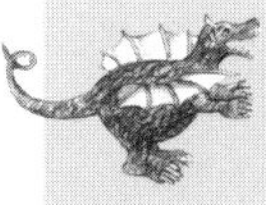

Schreibe einen Antwortbrief des kleinen Drachen an seinen Freund. Erzähle darin, was du alles erlebt hast.

Lieber Draco,

Name:

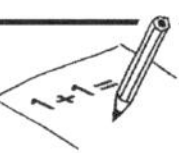

lesen **schreiben** sprechen rechnen spielen **malen** basteln

Der Sommer kommt

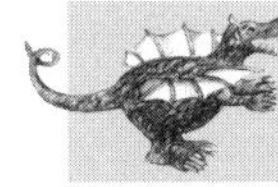

Löse das Rätsel. Trage die fehlenden Wörter in Großbuchstaben ein.

1. Das zieht Hanno heute an: kurze ☐☐☐☐☐(3).
2. Weil der Sommer kommt, muss die Mutter nicht mehr ☐☐☐(2)☐☐☐.
3. Dort wartet der kleine Drache: ☐☐(5)☐☐☐☐.
4. Hanno ruft: „Ludwig Hall hat einen ☐☐☐☐(4)☐."
5. Die Kinder merken: Hanno kann jetzt viel schneller ☐☐☐(7)☐☐☐.
6. So viele Sätze liest Hanno vor: ☐☐☐(8)☐.
7. An diesem Wochentag hat Susi Geburtstag: ☐☐☐(1)☐☐☐☐.
8. Das will Hanno ihr schenken: etwas ☐☐☐☐☐☐(6)☐☐☐.
9. Daran denkt Hanno:

☐(9)☐☐☐☐☐☐☐☐☐☐☐☐☐☐☐.

Die grauen Felder ergeben ein Lösungswort. Trage es ein.

Lösungswort: ☐(1)☐(2)☐(3)☐(4)☐(5)☐(6)☐(7)☐(8)☐(9)

Manchmal bekommt man zu Geburtstagen Einladungen.
Gestalte eine Einladungskarte zu Susis Geburtstag.

Denke daran, auch Ort, Datum und Zeit aufzuschreiben.

Name:

lesen schreiben sprechen rechnen **spielen** malen **basteln**

Hanno ist nicht mehr allein

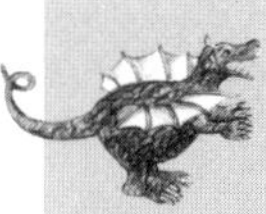

Schneide die Dominokärtchen aus.
Lege sie in der richtigen Reihenfolge aneinander.

Achtung: Zwei Kärtchen passen nicht dazu!

Die fett gedruckten Buchstaben ergeben ein Lösungswort. Trage es ein.

Lösungswort: ___ ___ ___ ___ ___ ___ ___ ___

✂

doch er bekommt keine Antwort. Der Drache ist verschwunden. **N**	Auf dem Heimweg entdeckt Hanno in einem Schaufenster eine bunte Muschel.	und der kleine Drache auf ihrer Bank im Park. **E**	Der kleine Drache erzählt Hanno,
Überall sucht Hanno nach dem kleinen Drachen. **O**	Er läuft den ganzen Weg zur Schule zurück.	dass er in der letzten Nacht von seiner Familie und dem Drachenland geträumt hat. **S**	Als Hanno ihm erzählt, dass seine Mutter kein Feuer mehr im Ofen macht,
ist der kleine Drache entsetzt. Er möchte nicht mit nach Hause kommen. **C**	Der kleine Drache will lieber zurück ins Drachenland gehen,	Aber plötzlich kratzen seine Finger im Sand. **E**	Hanno ruft nach dem kleinen Drachen,
da er bei Hanno schon viel gelernt hat. **H**	Hanno krault ein letztes Mal den Kopf des kleinen Drachen.	Er möchte sie Susi zum Geburtstag schenken. **K**	ENDE
wie er Feuer blasen gelernt hat. **I**	Der Drache möchte in der Drachenschule allen anderen zeigen,	START **G**	Nach der Schule sitzen Hanno

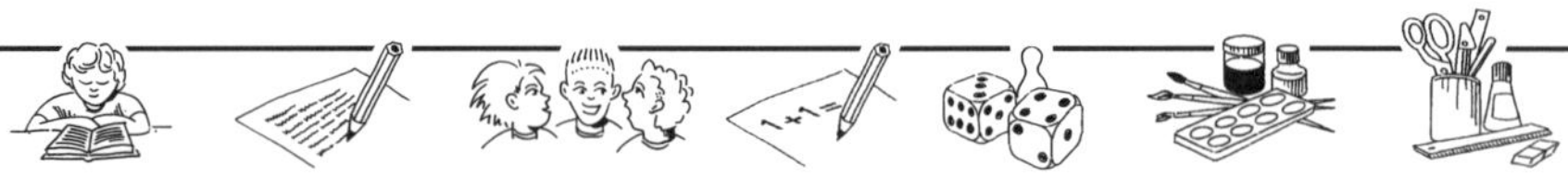

Name:

lesen **schreiben** **sprechen** rechnen spielen malen basteln

Die Hauptfiguren

Lies dir die Stichwörter durch.
Schreibe sie zur richtigen Figur aus der Lektüre.

Eine Aussage passt zu zwei Figuren.

war traurig

lädt Hanno zum Geburtstag ein

schafft zehn Purzelbäume

hänselt Hanno

lernt Purzelbaum schlagen

schimpft mit Ludwig, als er Hanno ärgert

macht Hanno Mut

sagt Schimpfwörter

ist weggelaufen

Hanno:

Drache:

Susi Vogt:

Ludwig Hall:

Suche dir eine Figur aus. Was erfährst du noch über sie?
Schreibe in dein Heft.

Stell die Figur der Klasse vor.

Name:

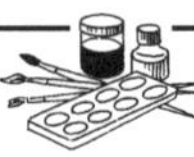

lesen **schreiben** sprechen rechnen spielen malen basteln

Ein Interview

Als der kleine Drache nach Hause zurückkommt, wird er von einem Reporter interviewt. Welche Fragen hat der Reporter dem kleinen Drachen gestellt? Schreibe auf.

Reporter:

Drache: Ich bin weggelaufen, weil mich die anderen Drachen geärgert haben.

Reporter:

Drache: Ich bin in das Land der Menschen geflohen.

Reporter:

Drache: Nein, sie sind keine Märchenfiguren, es gibt tatsächlich Menschen.

Reporter:

Drache: Der Junge, der mich gefunden hat, heißt Hanno.

Reporter:

Drache: Die Menschen haben nur einen einzigen Kopf und keine Flügel.

Reporter:

Drache: Menschen essen zum Beispiel gerne Spaghetti mit Tomatensoße.

Reporter:

Drache: Die Menschen können viele Sachen. Zum Beispiel schreiben und lesen.

Hanno früher und heute

Schneide die Kästchen unten aus und bringe sie in die richtige Reihenfolge. Klebe sie ein.

			Hanno kann nun viel besser schreiben, lesen und malen.		

Wie ändern sich Hannos Gefühle und sein Verhalten im Laufe der Geschichte? Trage die drei Sätze richtig ein.

Hanno traut sich mehr zu. | Hanno ist glücklich. | Hanno ist traurig.

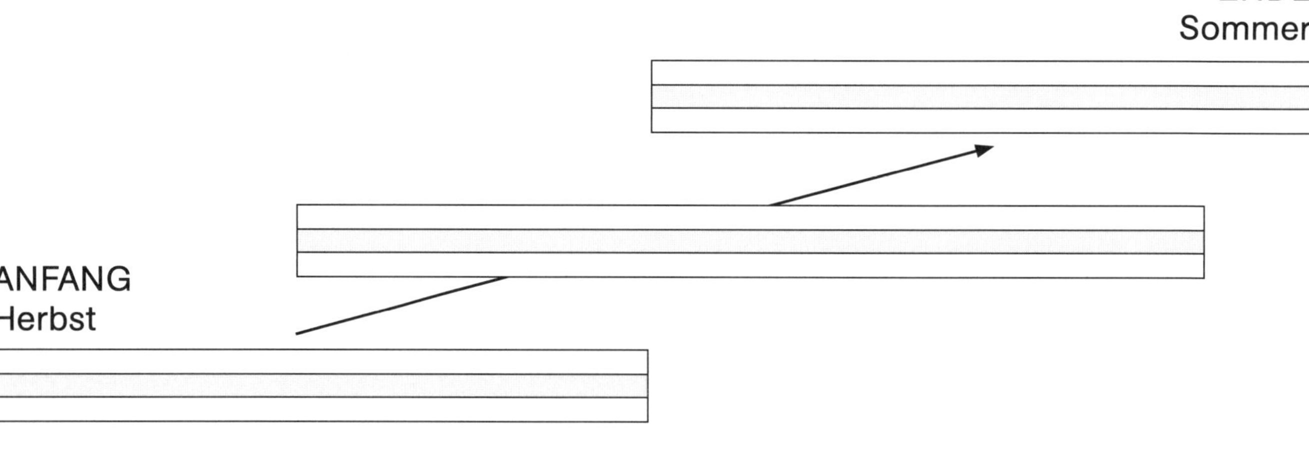

✂

Hanno wehrt sich das erste Mal gegen Ludwig.	Hanno trifft den kleinen Drachen. Er wird Hannos erster Freund.	Hanno möchte nicht in die Schule gehen.	Hanno hat Freunde gefunden und wird zu Susi Vogts Geburtstag eingeladen.	Hanno ist viel dünner geworden und lässt sich nicht mehr von Ludwig ärgern.

Name:

Ein Hanno-Gedicht

Überlege dir, wie Hanno ist und was er gerne mag.
Schreibe deine Gedanken und Ideen auf.

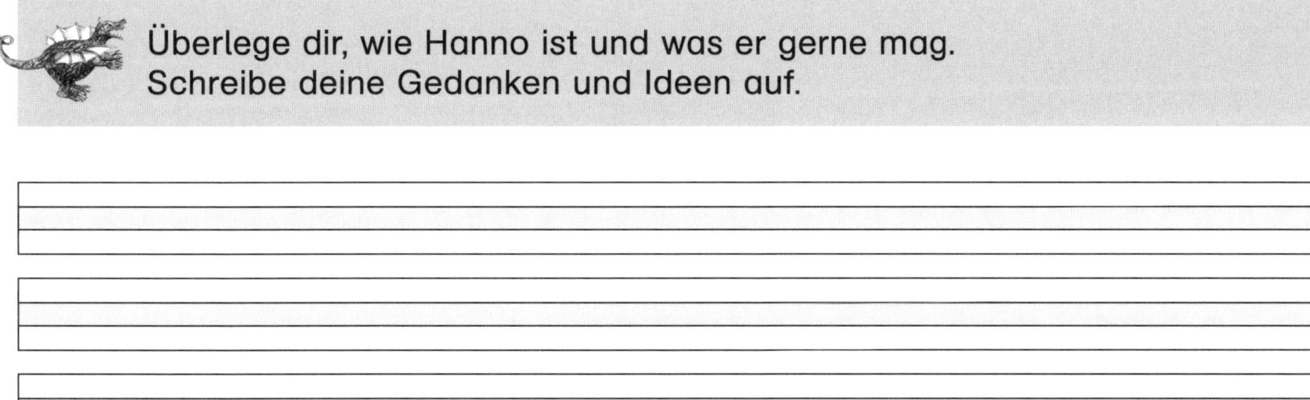

Schreibe ein Senkrechtgedicht über Hanno.
Deine Notizen von oben helfen dir.

Bei einem Senkrechtgedicht werden die Buchstaben eines Wortes senkrecht untereinandergeschrieben. Jeder Buchstabe ist der Anfang für ein neues Wort oder einen Satz. Die Wörter oder Sätze sollen zu dem ersten Wort passen.

Hier siehst du ein Beispiel:

Drachenland ist mein Zuhause.
Rauch kommt aus meiner Nase.
Am liebsten esse ich Schokoladenfeuer.
Clever habe ich Hanno geholfen.
Hanno ist mein Freund.
Er kann jetzt viele Sachen besser.

H

A

N

N

O

Das drachenstarke Hanno-Spiel

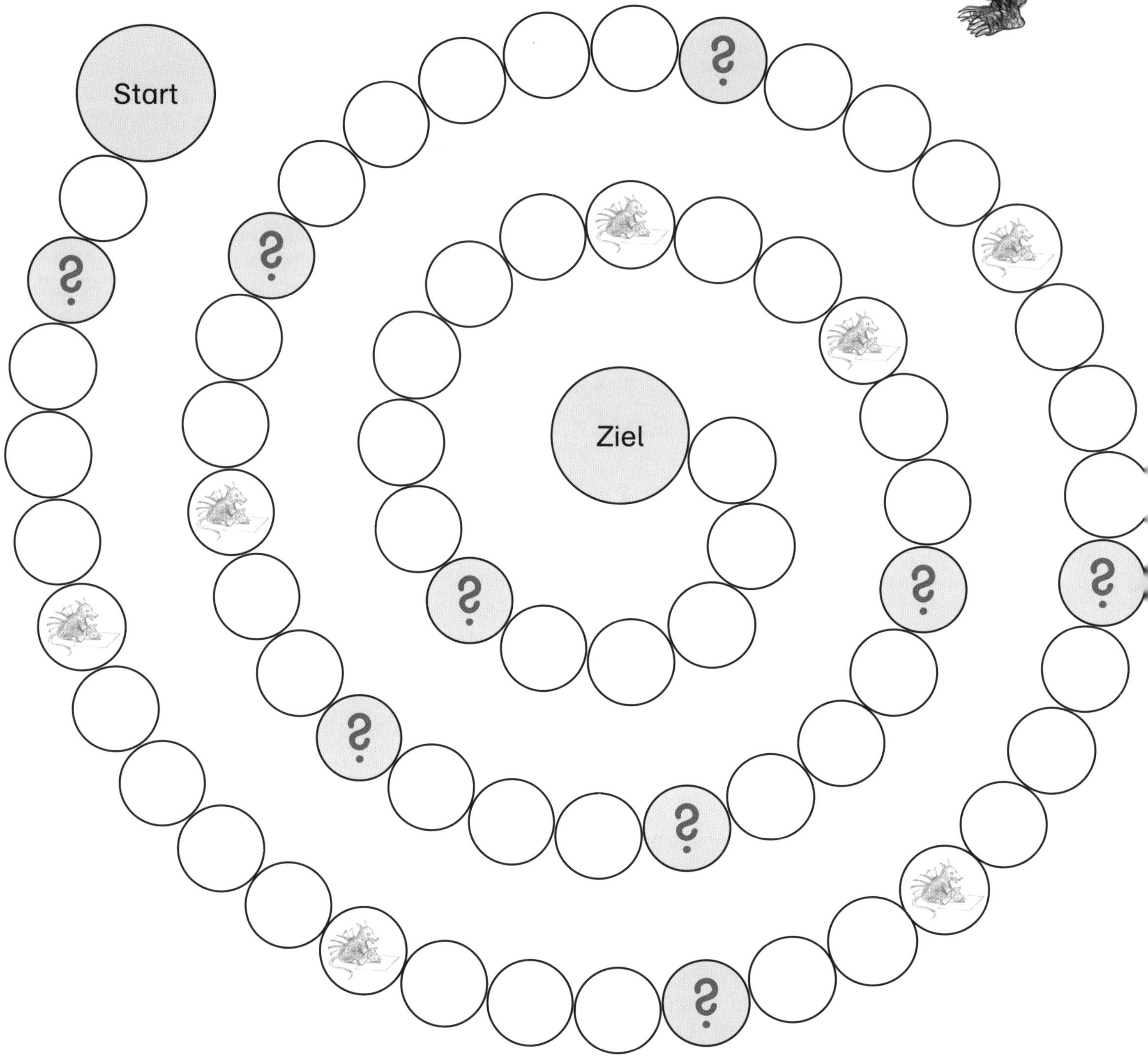

Start

Ziel

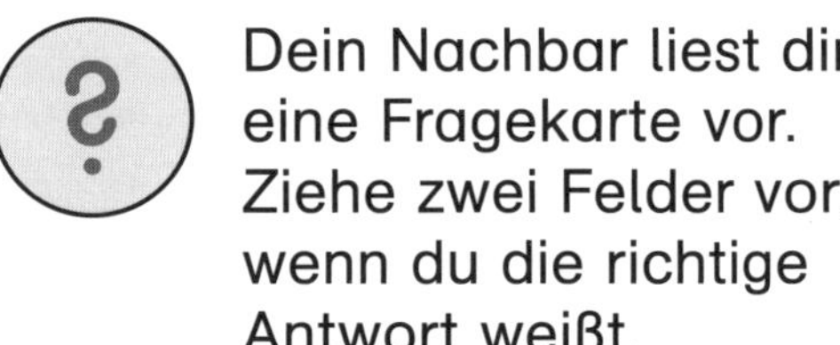

Dein Nachbar liest dir eine Fragekarte vor. Ziehe zwei Felder vor, wenn du die richtige Antwort weißt.

Nimm eine Aktionskarte. Ziehe ein Feld vor, wenn du die Aufgabe richtig ausgeführt hast.

Das drachenstarke Hanno-Spiel

Fragekarten

✂

Wie wird Hanno von Ludwig Hall genannt? ? Bratwurstfriedhof, Fußballbauch.	Wo trifft Hanno den kleinen Drachen? ? Im Park.	Welche Farbe hat der Drache? ? Schwarz.	Wie viele Köpfe haben die anderen Drachen? ? Drei.
Wie heizt Hannos Familie? ? Mit einem Ofen.	Was frisst der Drache am liebsten? ? Schokoladenfeuer.	Von wem bekommt Hanno immer die Schokolade? ? Von Oma.	Wer kann den kleinen Drachen sehen? ? Hanno.
Was dichten Hanno und der Drache oft zusammen? ? Lieder.	Nenne zwei Dinge, die Hanno lernt. ? Singen, schreiben, Purzelbaum schlagen, malen, klettern, lesen.	Wie viele Purzelbäume kann der Drache schlagen? ? Vier.	Worauf klettern Hanno und der Drache? ? Auf einen Baum.
Wer hilft Hanno vom Baum herunter? ? Der Vater.	Welche Geschichte lesen Hanno und der Drache zusammen? ? Die Bremer Stadtmusikanten.	Wer lädt Hanno zum Geburtstag ein? ? Susi Vogt.	Was will Hanno Susi zum Geburtstag schenken? ? Eine bunte Muschel.

Das drachenstarke Hanno-Spiel

Aktionskarten

✂

Hanno und der Drache malen. Zeichne ein Tier. Deine Mitspieler raten, was du gezeichnet hast.	Der kleine Drache lernt singen. Singe ein Lied vor.	Der kleine Drache schlägt Purzelbäume. Mache einen Purzelbaum.	Der kleine Drache frisst Feuer. Mache vor, wie sich das wohl anhört.
Hanno und der Drache tanzen. Führe einen Drachen-Freudentanz vor.	Der Drache lernt die Buchstaben. Buchstabiere den Namen eines Mitspielers.	Hanno lernt schreiben. Schreibe einen Satz mit zwei schwierigen Wörtern an die Tafel.	Ludwig sagt, dass Hanno nicht mal ein Bein hochheben kann. Probiere so lange wie möglich auf einem Bein zu stehen.